求められる美術教育　大坪圭輔 編　●2020年3月　初版1刷

p.176　右側1番上の図が天地逆でした。

【正】

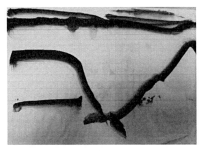

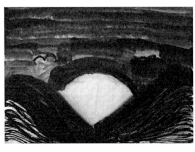

［2020.3.17 武蔵野美術大学出版局］

求められる美術教育

大坪圭輔 編

武蔵野美術大学出版局

もくじ

表紙デザイン：白尾デザイン事務所

第1章　求められる教育

第1節　資質・能力育成教育

はじめに

　「求められる美術教育」とは，どのような美術教育であろうか。また，誰に何を求められるという意味だろうか。今，その答えを探すために美術教育史を振り返るならば，戦後の美術教育黎明期である太平洋戦争終結直後の昭和20（1945）年から昭和30年代前半にかけての「求められる美術教育」とは，『芸術による教育』を意味したとすることにさほどの異論はないだろう。

　普通教育における美術教育を英語で表す場合，「Art Education」ではなく，「Education through Art」を用いることが我が国の場合は一般的である。昭和20（1945）年，太平洋戦争が終結した時，多くの教師たちは，軍国主義の教育から民主主義の教育へと真逆とも言える転換を求められることになった。特に図画（教科名としての美術は1958年から）の授業においては，それまでの階梯式の技術教育を基に，国民の教養として国が求める価値観や美意識の涵養を旨とした授業から，子どもたち一人ひとりの個性や感性を基盤とする授業を模索せねばならなかった。その時，民主主義的図画教育及び美術教育の理想のひとつとして多くの教師が学び影響を受けたのが，ハーバート・リード『芸術による教育』（*Education through Art*, 1943）であった。そして，まさに本書のタイトルこそが，戦後の我が国の美術教育の基盤を形成してきたと言える。

　ハーバート・リード（英，評論家，1893-1968）が，本書を著したのは第二次世界大戦末期の時期である。戦禍のロンドンにおいてリードは，なぜこのような悲惨な世界大戦が起きたのか，再びこのような戦争を繰り返さないためには，何をなすべきかを本書で問うている。同時に，日本国民の戦争に対する反省が深ければ深いほど，「芸術を教育の基礎とするべきである[*1]」とのリードの言葉は，戦後の日本の美術教師

たちが求めていた自らの教育実践に自信を与える教育論でもあった。

　リードは，世界の平和は一人の人間の内にある平和によって成立するとし，真に自立した人間による協調と連帯を説いている。子どもの内にあるよさや美しさを求める個性豊かで伸びやかな感性を活かし育むことが教育の目的であり，「個々の人間に固有の特性の発達をうながし，同時に，そうして引き出された個人的な特性を，その個人が所属する社会的集団の有機的な結合と調和させることである[*2]」と説いている。これこそが，終戦直後から昭和30年代前半にかけて，この『芸術による教育』こそ，多くの美術教師から，多くの日本国民から，多くの子どもたちから求められた美術教育であったのである。

　しかし，今「求められる美術教育」の言葉を改めて考えようとする時，「誰が何を求めるのか」その主語を入れ替えることでその目的や内容は大きく変化する。「時代が求める」美術教育という視点からすれば，すでに『芸術による教育』は過去のものと言わざるを得ない。なぜならば，リードの言う平和は戦争のないという意味が中心であるが，現代における平和は，戦争がないことは当然であり，さらにその上に，豊かに持続可能な発展をする社会の中で自分らしく生きていくことのできる平和な社会という普遍的かつ理想的イメージが一般化し，昭和20年代から昭和30年代前半の平和観とは明らかに違っている。

　戦後の学習指導要領の変遷をたどると，昭和22（1947）年の「学習指導要領（試案）」，昭和26（1951）年の「小学校学習指導要領（試案）」及び「中学校・高等学校学習指導要領（試案）」の刊行を経て，学校教育法を背景にした法的性格を持つ[*3]「小学校学習指導要領」及び「中学校学習指導要領」が昭和33（1958）年に，「高等学校学習指導要領」が昭和35（1960）年に告示されている。この時に求められた教育をキーワードで示すならば，「基礎学力の充実と科学技術教育の向上」であった。美術教育と直接的に関わる具体的な内容としては，中学校のこれまでの「職業・家庭科」が「技術・家庭科」となり，「図画工作科」が

「美術科」に再編され，美術と技術の学習内容の分配から，美術科の時間数が大きく削減されている。このような趣旨を持った学習指導要領が編纂されるための基本となる議論は，昭和27（1952）年に設置された中央教育審議会で進められている。中央教育審議会は，文部科学大臣（設置当時は文部大臣）の諮問に応じて教育に関する基本的な重要施策について調査審議し，文部科学大臣に建議，答申する恒常的な諮問機関である[*4]。

　このような中央教育審議会での議論を基にした昭和33（1958）年の学習指導要領告示から，平成29（2017）年「幼稚園教育要領」及び「小学校学習指導要領」「中学校学習指導要領」告示，平成30（2018）年「高等学校学習指導要領」告示まで，60年間にわたる全7回，約10年ごとの学習指導要領改訂告示の歴史は，戦後の日本社会の動向を集約したものとも見ることができる。

　昭和33（1958）年の学習指導要領告示前夜の社会状況を紐解いてみるならば，国内は，昭和31（1956）年7月に発表された「経済白書」に記された「もはや戦後ではない[*5]」の言葉が流布し，電気冷蔵庫，電気洗濯機，白黒テレビが「三種の神器」と呼ばれた時代である。一方，前年に公布された「原子力基本法」及び「原子力委員会設置法」を基に，原子力委員会が設置され，翌昭和32（1957）年8月には，東海村の日本原子力研究所に「原子の火」がともっている。この年には，9月に国産ロケット1号機が発射に成功し，12月には日本の有力企業が多く加盟している日本経営者団体連盟[*6]が「科学技術教育振興に関する意見」を発表し，技術教育の導入を強く求めている。

　昭和31（1956）年12月に国際連合に加盟し，国際社会に復帰した日本が直面したのは，アメリカ合衆国とソビエト連邦を中心とする科学技術力を誇示すかのごとき核兵器開発競争である。中でも昭和32（1957）年10月のソビエトによる世界最初の人工衛星スプートニク1号の打ち上げは，後塵を拝したアメリカに，後に「スプートニク

ショック」と呼ばれる基礎学力向上と科学教育の推進を目指す大教育改革を引き起こしている。

　このような国内外の状況が集約され，教育の方向性としてまとめられ編纂されたのが「昭和33（1958）年告示学習指導要領」であり，「基礎学力の充実と科学技術教育の向上」を目指す教科・科目再編と学習内容の充実が図られたのである。「もはや戦後ではない」とは，教育も戦後の傷を癒し，平和を希求する教育から，国際社会の中の日本を意識した教育へとの質的変化を求める意味でもあった。

　その後の約10年ごとの学習指導要領改訂においても，昭和43（1968）年及び昭和44（1969）年，昭和45（1970）年の改訂告示では「期待される人間像」，平成元（1989）年の改訂では「新世紀を展望した教育改革」などの標語とともに，各時期の社会状況及び未来展望が学習指導要領の土台となっていくのである。

　かつて「教育百年の大計」という言葉をよく耳にした。しかしながら，現代において百年先の社会を見通すことは不可能である。10年先の日本社会や国際社会の状況すら見えてこない。平成29（2017）年及び平成30（2018）年改訂告示の新学習指導要領については，幼稚園教育要領がすでに平成30年から全面実施，小学校は令和2（2020）年より全面実施，中学校は令和3（2021）年より全面実施，高等学校は令和4（2022）年より年次進行で実施の段階にある。これらは令和12（2030）年の社会とその時代を生き抜く子どもたちの姿を想定している。その議論を担当した中央教育審議会の資料には，多くの未来予想図が加えられている。AI（Artificial Intelligence 人工知能）やICT（Information and Communications Technology 情報通信技術）によって描かれる未来社会は，人間の生き方に変化をもたらすとの危機感がある。教室の窓から見える遠い山のはるか向こうにある未来のための学習ではなく，すぐそこの校庭の角に待つ近未来社会のための教育が，今回の改訂では求められる教育であり，我々は「近未来社会が求める美術教育」の在り方

を考えねばならない時代にある。

　一方,「求められる美術教育」を「社会が求める美術教育」とし,学習指導要領も包含したより大きな視点から美術教育を考える時,現代の諸相において,文化芸術の重要性に関する認識は広がったし,広がり続けていると言える。今回の学習指導要領改訂の経緯においても文化芸術に関する教育を軽視する動きは全くなかった。むしろ未来社会を思考する上で欠くべからざるものとして位置付けられてきたことも,文化芸術の教育に対する期待値の高まりを表している。これまで科学技術立国を目指す立場からの重点的教育内容を意味してきた「STEM教育」(Science, Technology, Engineering, Mathematics) が,「STEAM教育」(Science, Technology, Engineering, Art, Mathematics) へと変化し,ARTにおけるブリコラージュ的思考[*7]などの再評価が進むとともに,「STEAM教育」推進を文部科学省が平成31 (2019) 年4月の中央教育委員会に対して示した諮問文[*8]にも加えている。

　今,多方面から文化芸術に関する教育が求められていることは確かであるし,文化芸術が重要な社会基盤のひとつであるとの認識は広がっている。しかし,誰がどのような目的で何を期待しているのかを解せず,各種文化芸術教育の中でもその歴史と多様性を持つ美術教育が,新たな展開を示すことができないとするならば,少なくとも学校教育における図画工作や美術,工芸の教科科目としての存在意義そのものを問われることになるだろう。本書の書名としている「求められる美術教育」とは,様々な求めに対応でき得るこれからの美術教育について考察することを意味している。

PISAテストとキー・コンピテンシー

　今回の学習指導要領の改訂,具体的には,平成29 (2017) 年告示「幼稚園教育要領」,同「小学校学習指導要領」,同「中学校学習指導要領」,同「特別支援学校幼稚部教育要領,特別支援学校小学部・中学部学習

指導要領」及び平成30（2018）年告示「高等学校学習指導要領」，平成31（2019）年告示「特別支援学校高等部学習指導要領」における改訂の趣旨を，一言で言い表すならば，「資質・能力育成教育」ということになる。「学力」論争は昭和から平成に変わろうとする時期から活発であったが，今回の「資質・能力」論は「学力」よりもさらに大きな視点から人間の様々な「資質・能力」を考察し，「シンギュラリティー*9」に代表されるような劇的変化が起きるとさえ言われる近未来社会を生き抜く力を子どもたちに育成することがその核となっている。本書では，「学力」論よりもさらに高次な視点としての「資質・能力」論がどのように議論され，どのように整理されてきたかを見ることによって，その本質を捉えることができるものと考える。その最初として「PISAテスト」と「キー・コンピテンシー」を本節では取り上げる。

　「キー・コンピテンシー（key competencies）」の言葉が，広く知られるようになった切っ掛けは，平成15（2003）年に実施され，翌平成16（2004）年11月に発表されたPISA（Programme for International Student Assessment, OECD生徒の学習到達度調査）テストの結果であり，「PISAショック」とも言われるものである。

　PISAテストは15歳の生徒を対象にし，OECD（Organization for Economic Co-operation and Development 経済協力開発機構）の「国際教育インディケータ事業」の一環として実施さているプログラムである。OECDは国際経済全体について協議する国際機関として1961年に設立され，本部はパリに置き，令和1（2019）年現在加盟国は36カ国，加盟申請中の国，キーパートナー国，各種プログラム参加国などを加えると，60カ国ほどになる。経済政策・貿易・金融・開発・環境・食料・科学技術・原子力・教育などの12分野を柱に，協議や調整，調査研究を展開している。

　PISAは平成12（2000）年に，日本では高等学校1年生を対象として，最初の調査が実施されている。その具体的な調査項目は「読解リテラ

シー（読解力）」「数学的リテラシー」「科学的リテラシー」の3分野であった。「読解力」を意味する「リテラシー」の言葉もこれ以前はあまり普及しているものではなかったが，この調査以降教育関係者を中心にして知られるようになっていく。

　我が国におけるPISAの実施及び調査は，国立教育政策研究所が中心的に担当しているが，その公式な解説[*10]を見ると，「読解リテラシー（読解力）」については，「自らの目標を達成し，自らの知識と可能性を発達させ，効果的に社会に参加するために，書かれたテキストを理解し，利用し，熟考する能力」と説明している。また，「数学的リテラシー」については，「数学が世界で果たす役割を見つけ，理解し，現在及び将来の個人の生活，職業生活，友人や家族や親族との社会生活，建設的で関心を持った思慮深い市民としての生活において確実な数学的根拠にもとづき判断を行い，数学に携わる能力」とし，「科学的リテラシー」については「自然界および人間の活動によって起こる自然界の変化について理解し，意思決定するために，科学的知識を使用し，課題を明確にし，証拠に基づく結論を導きだす能力」となっている。すなわち，「読解リテラシー（読解力）」が「国語」という教科の学習の習熟度を調査するものでも，「数学的リテラシー」が「数学」という教科の学習の習熟度を，「科学的リテラシー」が「理科」という教科の学習の習熟度を意味するものではなく，PISA調査はそのような教科の学習状況の調査ではないということである。さらに国立教育政策研究所の見解も，PISA調査は実生活の様々な場面で直面する課題にどの程度活用できるかどうかを評価するものであって，特定の学校カリキュラムがどれだけ習得されているかを見るものではないことを示している。

　このようなリテラシーの考え方の土台となっているのは，同じくOECDが実施したDeSeCo（Definition and Selection of Competencies: Theoretical and Conceptual Foundations 能力の定義と選択）プロジェクト

である。これは，国際化と高度情報化の進行，そして多様性が増した複雑な社会に適合することが要求される能力概念である「コンピテンシー」を，国際的，学際的かつ政策指向的に研究することを目的として，OECDが組織したものである。DeSeCoは平成9（1997）年12月に始まり，平成15（2003）年に最終報告を行い，単なる知識や技能の習得ではなく，ともに生きるための学力を身に付け，人生の成功と良好な社会の形成を目的とする能力概念「キー・コンピテンシー」の定義を明らかにしたのである。そこでは，コンピテンシー（能力）を，単なる知識や技能のことではなく，技能や態度を含む様々な心理的・社会的な要素を活用し，様々な要求（課題）に対応することができる力と定義している。

　また，文部科学省は「キー・コンピテンシー」とは，「日常生活のあらゆる場面で必要なコンピテンシーをすべて列挙するのではなく，コンピテンシーの中で，特に，1.人生の成功や社会の発展にとって有益，2.さまざまな文脈の中でも重要な要求（課題）に対応するために必要，3.特定の専門家ではなくすべての個人にとって重要，といった性質を持つとして選択されたもの。」と定義し，次の3つのカテゴリーを示している。

　　1. 社会・文化的，技術的ツールを相互作用的に活用する能力
　　　（個人と社会との相互関係）
　　2. 多様な社会グループにおける人間関係形成能力
　　　（自己と他者との相互関係）
　　3. 自律的に行動する能力
　　　（個人の自律性と主体性）

　そして，この3つのキー・コンピテンシーの枠組みの中心にあるのは，個人が深く考え，行動することの必要性であり，深く考えることには，目前の状況に対して特定の定式や方法を反復継続的に当てはまることができる力だけではなく，変化に対応する力，経験から学ぶ力，

批判的な立場で考え，行動する力が含まれると解説している[*11]。

　このようなDeSeCoの研究成果を受けて，世界各国で独自の教育理念の基に，資質・能力に関わる教育目標がそれぞれに作成された。平成27（2015）年3月に国立教育政策研究所より刊行された『資質・能力を育成する教育課程の在り方に関する研究報告書1〜使って育てて21世紀を生き抜くための資質・能力〜』には，その主なものが整理され紹介されている（図1）。

　さらに，国立教育政策研究所は，キー・コンピテンシーの考え方を土台として，本報告書の中で，我が国の教育において育成すべき資質・能力である「21世紀に求められる資質・能力の内容（イメージ）」を提示している（図2）。

　本報告書ではこの図2を，資質・能力目標に求められる階層性を踏

OECD (DeSeCo)		EU	イギリス	オーストラリア	ニュージーランド	（アメリカほか）	
キーコンピテンシー		キーコンピテンシー	キースキルと思考スキル	汎用的能力	キーコンピテンシー	21世紀型スキル	基本的なリテラシー
相互作用的道具活用力	言語、記号の活用	第1言語外国語	コミュニケーション	リテラシー	言語・記号・テキストを使用する能力		
	知識や情報の活用	数学と科学技術のコンピテンス	数学の応用	ニューメラシー		情報リテラシーICTリテラシー	
	技術の活用	デジタル・コンピテンス	情報テクノロジー	ICT技術			
反省性（考える力）（協働する力）（問題解決力）		学び方の学習	思考スキル（問題解決）（協働する）	批判的・創造的思考力	思考力	創造とイノベーション	認知スキル
						批判的思考と問題解決	
						学び方の学習	
						コミュニケーション	
						コラボレーション	
自律的活動力	大きな展望	進取の精神と起業精神		倫理的理解	自己管理力	キャリアと生活	社会スキル
	人生設計と個人的プロジェクト						
	権利・利害・限界や要求の表明	社会的・市民的コンピテンシー	問題解決協働する	個人的・社会的能力	他者との関わり参加と貢献	個人的・社会的責任	
異質な集団での交流力	人間関係力	文化的気づきと表現		異文化間理解			
	協働する力					シティズンシップ	
	問題解決力						

図1　『資質・能力を育成する教育課程の在り方に関する研究報告書1〜使って育てて21世紀を生き抜くための資質・能力〜』（国立教育政策研究所，2015年）より

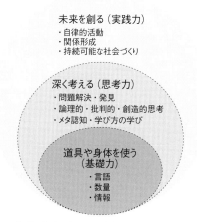

図2 「21世紀に求められる資質・能力の構造一例」（出典は図1と同じ）

　まえ，「思考力」を中核とし，それを支える「基礎力」と，思考力の使い方を方向付ける「実践力」の三層構造で構造化したと説明している。

　また，文部科学省は「OECDにおける『キー・コンピテンシー』について」と題するウェブサイトにおいて「変化」「複雑性」「相互依存」をこれからの世界を特徴づけるキーワードとし，次のように解説している。

　1. テクノロジーが急速かつ継続的に変化しており，これを使いこなすためには，一回習得すれば終わりというものではなく，変化への適応力が必要に。

　2. 社会は個人間の相互依存を深めつつ，より複雑化・個別化していることから，自らとは異なる文化等をもった他者との接触が増大。

　3. グローバリズムは新しい形の相互依存を創出。人間の行動は，個人の属する地域や国をはるかに超える，例えば経済競争や環境問題に左右される。

　そして，キー・コンピテンシーの定義を「個人の能力開発に十分な投資を行うことが社会経済の持続可能な発展と世界的な生活水準の向上にとって唯一の戦略。」という言葉で締めくくっている。

　本書次節において詳細は示すが，このような資質・能力論が平成30

（2018）年及び平成31（2019）年の学習指導要領改訂の前段階となる中央教育審議会の審議資料として提示され，議論の中心となったのである。そして，それらは平成28（2016）年12月の中教審答申「幼稚園，小学校，中学校，高等学校及び特別支援学校の学習指導要領等の改善及び必要な方策等について[*12]」に反映されることになる。。

　このようにPISAテストによる各コンピテンシーのインディケータ（指標）は，教科学習における学力観とは違った学びを中心とする能力や姿勢であった。しかしながら，我が国においては，「PISAテスト結果＝学力程度の国際比較」として受け止められ，結果的にはその国際比較による順位に社会的注目が集まることになったのである。

学力論争と美術教育

　図3はPISAテストにおける我が国の各リテラシー平均得点と順位の推移を示したものである[*13]。平成15（2003）年の調査結果は，翌平成16（2004）年11月に発表され，「『学力トップ』陥落の衝撃」（『朝日新聞』朝刊，平成16年11月8日），「日本の15歳学力ダウン」（『読売新聞』朝刊，平成16年11月8日）との見出しで報道された。同じく平成18（2006）年に実施された調査の結果は，翌平成19（2007）年に発表され，「応用力 日本続落」「学力不安さらに」（『朝日新聞』朝刊，平成19年12月5日），「理数系 トップ級転落」「日本の高1 目立つ無解答」（『読売新聞』朝刊，平成19年12月5日）の見出しで報道された。これらの報道において資質・能力の解説やPISAテストがDeSeCoのキー・コンピテンシーの考えに基づいた調査であるとの解説が全くないわけではないが，図3に示す順位の変動は多くの日本人にとってわかりやすく，また衝撃的に受け止められたのである。そして，ここでやり玉にあがったのが「ゆとり教育」であった。

　「ゆとり教育」の言葉は正式な名称ではなく，その定義も研究者によってまちまちであるが，特に学力低下の元凶として取り上げられた

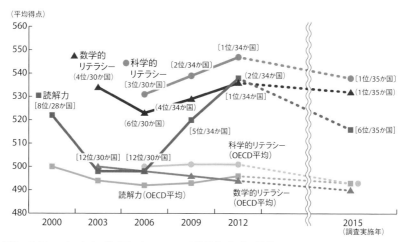

（平均得点）

〔1位/34か国〕
〔1位/35か国〕
〔2位/34か国〕
〔2位/34か国〕
▲ 数学的
リテラシー
（4位/30か国）
● 科学的
リテラシー
〔3位/30か国〕
〔1位/35か国〕
〔4位/34か国〕
■ 読解力
〔8位/28か国〕
（6位/30か国）
〔1位/34か国〕
〔1位/34か国〕
〔6位/35か国〕
〔5位/34か国〕
〔12位/30か国〕　〔12位/30か国〕
科学的リテラシー
（OECD平均）
〔12位/30か国〕　〔12位/30か国〕
読解力（OECD平均）
数学的リテラシー
（OECD平均）

2000　2003　2006　2009　2012　2015
（調査実施年）

図3　PISAテストにおける我が国の各リテラシー平均得点と順位の推移
　　　（国立教育政策研究所ウェブサイトをもとに作成）

のが平成10（1998）年に告示された「幼稚園教育要領」「小学校学習指
導要領」及び「中学校学習指導要領」，同じく平成11（1999）年に告示さ
れた「高等学校学習指導要領」である。これは平成8（1996）年の「21
世紀を展望した我が国の教育の在り方について」と題する中央教育審
議会答申を受けて，平成14（2002）年から完全実施された学校週5日
制[*14]に対応するとともに，「ゆとり」と「生きる力」をキーワードとし，
「心の教育」を中心とした改訂であった。具体的には，教育内容の精選
により，授業時間の削減が打ち出され，「総合的な学習の時間」が設定
された。また，「豊かな人間性や社会性，国際社会に生きる日本人とし
ての自覚」「自ら学び，自ら考える力の育成」など，今回の平成30
（2018）年及び平成31（2019）年における学習指導要領改訂のキーワー
ドである「アクティブ・ラーニング（主体的・対話的で深い学び）」に
通じる思考力の育成や経験重視型の教育方針が示された。

　しかしながら，そのような新しい教育観よりも，社会の注目はより
具体的な授業時間数の削減，学習内容の精選，遂には教科書のペー
ジ数の減少に注がれることになる。折しも平成11（1999）年に出版され

た『分数ができない大学生[*15]』(岡部恒治, 西村和雄, 戸瀬信之編著, 東洋経済新報社)は, 昭和50年代半ばからの「学習しない大学生」「レジャーランド大学」などの風評を再燃させ, 日本の大学生のレベル低下を明らかにしたものとして注目を集めることになる。まさしく世の中が, 日本の教育が危ないという危機感を募らせている状況の中で, 前述の平成15 (2003) 年調査のPISAテストの結果は公表されたのである。

学力問題が過熱する中で, 文部科学省は平成19 (2007) 年に, 全国の小学校6年生と中学校3年生を対象とする「全国学力・学習状況等調査[*16]」を実施する。これまでも全国規模の学力調査は実施された歴史があるが, 「学校間や地域間の競争の激化を招く」「競争原理の導入は学校教育にふさわしくない」などの意見も多く, 昭和39 (1964) 年以降, 国としての実施は見送られてきた。しかし, 「ゆとり教育」見直し論が広がるにしたがって, 児童生徒の客観的な学力に関する調査の必要性を問う意見も多く, それらの後押しを受けての実施となった。文部科学省は「全国学力・学習状況等調査」の目的として次の3点を挙げている。

・義務教育の機会均等とその水準の維持向上の観点から, 全国的な児童生徒の学力や学習状況を把握・分析し, 教育施策の成果と課題を検証し, その改善を図る。
・学校における児童生徒への教育指導の充実や学習状況の改善等に役立てる。
・そのような取組を通じて, 教育に関する継続的な検証改善サイクルを確立する。

しかし, この調査では「学力」という言葉を用いながらも「学力」そのものが定義されたわけではない。学力の定義は, 同年の「学校教育

法改正」において提示されることになる。

　平成18（2006）年12月に様々な論争を経て「教育基本法」が公布・施行される[*17]。それを受けて，翌平成19（2007）年には教育三法と呼ばれる「学校教育法」「地方教育行政の組織及び運営に関する法律」「教育職員免許法及び教育公務員特例法」が改正される。その「学校教育法」第三十条は，次のような条文となっている。

学校教育法

第三十条　小学校における教育は，前条に規定する目的を実現するために必要な程度において第二十一条各号に掲げる目標を達成するよう行われるものとする。
②前項の場合においては，生涯にわたり学習する基盤が培われるよう，基礎的な知識及び技能を習得させるとともに，これらを活用して課題を解決するために必要な思考力，判断力，表現力その他の能力をはぐくみ，主体的に学習に取り組む態度を養うことに，特に意を用いなければならない。

　この条文が示す「第二十一条各号に掲げる目標」とは，以下のようなものである。

学校教育法

第二十一条　義務教育として行われる普通教育は，教育基本法（平成十八年法律第百二十号）第五条第二項に規定する目的を実現するため，次に掲げる目標を達成するよう行われるものとする。
　一　学校内外における社会的活動を促進し，自主，自律及び協同の精神，規範意識，公正な判断力並びに公共の精神に基づき主体的に社会の形成に参画し，その発展に寄与する態度を養うこと。
　二　学校内外における自然体験活動を促進し，生命及び自然を尊重する精神並びに環境の保全に寄与する態度を養うこと。
　三　我が国と郷土の現状と歴史について，正しい理解に導き，伝統と文化を尊重し，それらをはぐくんできた我が国と郷土を愛する態度を養うとともに，進んで外国の文化の理解を通じて，他国を尊重し，国際社会の平和と発展に寄与する態度を養うこと。
　四　家族と家庭の役割，生活に必要な衣，食，住，情報，産業その他の事項について基礎的な理解と技能を養うこと。

五　読書に親しませ，生活に必要な国語を正しく理解し，使用する基礎的な能力を養うこと。

六　生活に必要な数量的な関係を正しく理解し，処理する基礎的な能力を養うこと。

七　生活にかかわる自然現象について，観察及び実験を通じて，科学的に理解し，処理する基礎的な能力を養うこと。

八　健康，安全で幸福な生活のために必要な習慣を養うとともに，運動を通じて体力を養い，心身の調和的発達を図ること。

九　生活を明るく豊かにする音楽，美術，文芸その他の芸術について基礎的な理解と技能を養うこと。

十　職業についての基礎的な知識と技能，勤労を重んずる態度及び個性に応じて将来の進路を選択する能力を養うこと。

さらに，本条が示す「教育基本法第五条第二項に規定する目的」とは，以下のようなものである。

教育基本法

（義務教育）

第五条　国民は，その保護する子に，別に法律で定めるところにより，普通教育を受けさせる義務を負う。

2　義務教育として行われる普通教育は，各個人の有する能力を伸ばしつつ社会において自立的に生きる基礎を培い，また，国家及び社会の形成者として必要とされる基本的な資質を養うことを目的として行われるものとする。

ここでは下位の条文から上位の法律を読む順番をとったが，これによって，「学校教育法」第三十条に示す内容こそ，社会制度としての学校教育における学力観を定めたものと読み取ることができる。また，義務教育をはじめとする教育の目的を実現するに必要な学力との位置付けも見えてくる。

「学校教育法」第三十条②の文章構造を分析してみると，「基礎的な知識・技能の習得」「思考力・判断力・表現力その他の能力の育成」「主体的に学習に取り組む態度の養成」が読み取れる。これを整理し

て「基礎的な知識・技能，思考力・判断力・表現力等の能力，主体的に学習に取り組む態度」が，学力の三要素として理解されている。この条文は，「小学校における教育は」で始まることから，主として小学校における学力の定義とみなされることもあるが，現在では初等中等教育全体を通しての学力の定義とする考え方が一般的であり，多種多様な学力論争にひとつの区切りがつくことになった[*18]。しかしながら，平成18（2006）年の「教育基本法」改正及び翌平成19（2007）年の「学校教育法」改正において，多方面からの議論が集中し，社会的注目を集めたのは「愛国心」に関する記述であって，学力の定義については，教育関係者でさえ十分に認識していないという状況もあった。

　「ゆとり教育」の批判を浴びた平成10（1998）年及び平成11（1999）年告示の学習指導要領を改訂すべく，議論が始まったのは，平成15（2003）年の「今後の初等中等教育改革の推進方策について（諮問）」からである。中央教育審議会答申としては，同年の「初等中等教育における当面の教育課程及び指導の充実・改善方策について（答申）」から，平成20（2008）年の「幼稚園教育要領」「小学校学習指導要領」「中学校学習指導要領」，平成21（2009）年の「高等学校学習指導要領」改訂告示に向けた動きが始まっている。タイムスケジュールで見るならば，教育基本法改正や学校教育法改正の議論と学習指導要領改訂の議論が同時進行していた時期である。この学習指導要領は「ゆとり教育」の是正と「生きる力」の継続を柱に，「授業時数の増加と土曜日の活用」「総合的な学習の時間の縮小」「必修科目の増加と選択科目の削減」「外国語（英語）の授業時数の増加」などが改訂の主な趣旨となっている。また，同時進行していた学力論，能力論を基にした「学校教育法」に定める学力の三要素については，各教科の目標や内容にそれぞれの形で反映され，教科の特性をより明確化することになる。

　具体的には，「A表現」と「B鑑賞」に共通して指導すべき内容である小学校図画工作科と中学校美術科に設定された〔共通事項〕という考

え方や，「A 表現」に発想や構想の能力が明確にされたことも，各教科全体で学び育てるべき事項として，学力論や能力論の反映もしくは学力論，能力論による学習内容の整理が進んだ結果として理解することができる。したがって，これに続く今回の平成30 (2018) 年及び平成31 (2019) 年の学習指導要領改訂における趣旨である「資質・能力育成教育」は，すでに平成10 (1998) 年から平成20年代に始まっていた学力論や能力論が，十分な時間をかけてより深まり，各教科を貫く学習の構造化として提示されることによって成立していると解釈することができる。

　このように，これまで見てきた平成10 (1998) 年から平成20 (2008) 年前後の約10年間の時期を，学力，能力論争期として捉えることができるが，一方で，この時期における美術教育はどのような状況にあったかを検証しておく必要がある。

　結論を端的に示すならば，当時の美術教育は学力論争や能力論の蚊帳の外であったと言うことができる。いやむしろ学力論争や能力論とは離れたところに自らの立場を求めようとしていたと言った方が正しいだろう。美術教育に関する学会や図画工作科・美術科教職員研究団体，民間教育団体は数多くあるが，その中でも比較的会員数や大会参加者数の多い美術科教育学会，大学美術教育学会，全国造形教育連盟，日本美術教育連合[*19]の平成10 (1998) 年から平成20 (2008) 年の10年間における学会誌や研究大会報告書を見直してみると，キー・コンピテンシー，資質・能力，学力をキーワードとして取り組んだ研究論文や授業実践研究報告はほとんど見当たらない。関連性のあるものとして，平成10 (1998) 年告示「幼稚園教育要領」「小学校学習指導要領」「中学校学習指導要領」，平成11 (1999) 年告示「高等学校学習指導要領」に関する研究や実践報告は多いが，その論旨のほとんどは，本学習指導要領改訂の柱でもある「自ら学び，自ら考える力の育成」に関する解釈や実践に関するものがほとんどであり，広範な学力論や能力論

への広がりを読み取ることはできない。

　また，美術教育の専門誌として長い歴史のある月刊『教育美術』（公益財団法人教育美術振興会[20]）の記事を検索してみても，平成10（1998）年から平成20（2008）年の10年間の120冊中，キー・コンピテンシーや学力を表題にする記事は見当たらない。わずかに，平成16（2004）年11月号の特集記事「『鑑賞』ではぐくまれる資質や能力」と平成20（2008）年7月号の特集記事「（座談会）新しい学習指導要領　図画工作科・美術科　第二章　資質・能力の教育」がある。後者の記事は，平成20年の小学校学習指導要領，中学校学習指導要領の改訂を取り上げたものであり，前述のようにこの学習指導要領が学力の三要素や能力論によって整理されている性格があるところから，当然の内容と言える。前者の記事は，この当時の鑑賞教育の盛り上がりを反映したものであり，平成10年及び平成11（1999）年告示の学習指導要領が提示する「自ら学び，自ら考える力の育成」に関する視点が中心となっており，一般的な当時の学力論争や能力論とは違った美術教育の特殊事情が関係している。

　それは，美術教育の鑑賞教育重視の流れである。平成7（1995）年に，ニューヨーク近代美術館の教育プログラムの専門家であったアメリア・アレナス（米，美術鑑賞教育研究家）が来日し，各地の美術館において対話型鑑賞の実際的な指導やセミナーなどを開き，美術作品に関する一般的な知識や論評をベースにして鑑賞教育を展開していた我が国の美術教育関係者に大きな衝撃を与えた[21]。いわゆる対話型鑑賞元年とも言うべき平成7（1995）年以降，「自ら学び，自ら考える力の育成」の学習指導要領の理念とも重なり，「鑑賞教育重視」「対話型鑑賞」の動きは急速に全国に広がっていく。したがって，先ほどの学会誌や研究大会の報告書，美術教育月刊誌などには，平成10年代後半から，鑑賞に関する研究や実践が次第に多くなっていく。

　このように鑑賞教育が進展する中で，「PISAテスト」や「全国学力・

学習状況調査」などによって示される学力論争や能力論については，多くの美術教育関係者は一線を画し，ペーパーテストで測ることのできる学力と，美術教育が育成すべき感性や創造性は別のものであるとの認識を持っていた。むしろ，「自ら学び，自ら考える力」こそ学力であるとの認識さえ薄かったと言わざるを得ない。

　さらに，「PISAテスト」や「全国学力・学習状況調査」などの一連の調査やテストがもたらしたものは，その数値のみならず，数値をベースにしたエビデンスの視点であった。これ以降，様々な教育研究や教育施策において，各種の調査が実施されその数値結果の分析を基にした判断が示される動きが教育界全体に強まっていく。このエビデンスによる議論展開においても，この時期の美術教育は対応しきれていない。確かに，前述の美術教育関係学会や研究会の論文集などを見ると，授業実践の状況把握としての計測的研究やアンケート調査による数値分析などは目にすることができる。しかしながら，美術教育がその学びの根底に置く人文科学としての「感性」や「創造性」は，本来的に数値分析的な研究とは馴染み難い。数値データによる解析は，むしろ自然科学分野の研究手法であり，人文科学系は論理展開を基にして研究するものであるが，教育行政や学校運営手法に統計社会学的な手法が導入され，教育統計学などからの視点が重視されるようになってきた現状がある。視点を教育行政に移すならば，教育は重要な政策のひとつであり，そこには教育の理念や哲学だけではなく，将来戦略や費用対効果という現実的な要素が大きくなっているのである。

　このように「資質・能力育成教育」における美術教育という視点での研究不足や遅れは否めないが，今回の平成30（2018）年及び平成31（2019）年の学習指導要領改訂に向けての議論が展開された平成21（2009）年から平成30（2018）年の約10年間の期間は，その研究の不足や遅れを取り戻すというよりも，新たな美術教育論や方法論が模索される時代となった。

（大坪圭輔／武蔵野美術大学）

＊註

1 ── ハーバート・リード『芸術による教育』宮脇理・岩崎清・直江俊雄訳，フィルムアート社，2001年。

2 ── 同上。

3 ── 学習指導要領については「学校教育法第三十三条」に「小学校の教育課程に関する事項は，第二十九条及び第三十条の規定に従い，文部科学大臣が定める。」とあり，中学校に関しては「同第四十八条」，高等学校に関しては「同第五十二条」，中等教育学校に関しては同第六十八条，特別支援教育に関しては「同七十七条」に同等の内容が定められている。また，これを受けて，「学校教育法施行規則第五十二条」には「小学校の教育課程については，この節に定めるもののほか，教育課程の基準として文部科学大臣が別に公示する小学校学習指導要領によるものとする。」との規定があり，同じく中学校，高等学校，中等教育学校，特別支援教育に関しても同等の規定がある。

4 ── いくつかの改編を経て，現在の中央教育審議会は，次の事項を所管している。
  (1) 文部科学大臣の諮問に応じて教育の振興及び生涯学習の推進を中核とした豊かな人間性を備えた創造的な人材の育成に関する重要事項を調査審議し，文部科学大臣に意見を述べること。
  (2) 文部科学大臣の諮問に応じて生涯学習に係る機会の整備に関する重要事項を調査審議し，文部科学大臣又は関係行政機関の長に意見を述べること。
  (3) 法令の規定に基づき審議会の権限に属させられた事項を処理すること。

5 ── 経済企画庁「昭和31年 年次経済報告（経済白書）」1956年7月17日発行。「結語（部分）もはや『戦後』ではない。我々はいまや異なった事態に当面しようとしている。回復を通じての成長は終った。今後の成長は近代化によって支えられる。そして近代化の進歩も速やかにしてかつ安定的な経済の成長によって初めて可能となるのである。」

6 ──「日本経営者団体連盟」は，経済団体連合会や日本商工会議所，経済同友会と並ぶ日本の代表的な経済団体で，昭和22（1947）年に結成され，労働問題や賃金問題を中心として財界の意見のとりまとめ役を果たしてきた。平成14（2002）年には経済団体連合会と統合し，日本経済団体連合会となった。

7 ── 造形芸術におけるブリコラージュは，そこにある様々なものを素材として作品を構想し，表現する手法という意味で，ジャンク・アート，コラージュ，アッサンブラージュなどを指す。フランス語のブリコラージュ（bricolage）は，「寄せ集めて自分で作る」ことを意味し，「器用仕事」とも訳される。ブリコラージュの言葉が広く用いられるようになったのは，クロード・レヴィ＝ストロース（仏，文化人類学者，1908-2009）がその著書『野生の思考』（1962年）において，その場にあるあまり価値のないものを用いて，その本来の用途とは無関係な今必要な道具などを作る世界各地の伝統を紹介し，それを「ブリコラージュ」と呼び，近代以降の理論や計画によるものづくりと対比的に論じたことによる。

8 ── 平成31（2019）年4月17日，文部科学省は中央教育審議会に対して，「新しい時代の初等中等教育の在り方について」と題する諮問文を提示している。これは「Society 5.0」時代の教育・学校・教師の在り方を問うものであり，「新時代に対応した高等学校教育の在り方」を問う審議事項の中に，「いわゆる文系・理系の類型にかかわらず学習指導要領に定められた様々な科目をバランスよく学ぶことや，STEAM教育の推進」が記載されている。なお，今回の諮問で注目される他の事項としては，小学校における教科担任制の導入，高等学校普通科の改編などがある。

また,「Society 5.0」とは人類史上5番目の新しい社会を意味する。狩猟社会,農耕社会,工業社会,情報社会に続く,「サイバー空間(仮想空間)とフィジカル空間(現実空間)を高度に融合させたシステムにより,経済発展と社会的課題の解決を両立する,人間中心の社会」と内閣府では定義している。

9 — シンギュラリティー(Singularity)とは,「技術的特異点」と訳され,具体的には人工知能が人間の知能を超える転換点を指す。レイ・カーツワイル(米,未来学者,1948-)がその概念を提唱し,2045年にシンギュラリティーが到来するとしている。

10 — 国立教育政策研究所編『生きるための知識と技能 OECD生徒の学習到達度調査(PISA)2000年調査国際結果報告書』ぎょうせい,2002年。

11 — 文部科学省 用語解説(ウェブサイト)
https://www.mext.go.jp/b_menu/shingi/chousa/shotou/031/toushin/attach/1397267.htm
中央教育審議会答申「幼稚園,小学校,中学校,高等学校及び特別支援学校の学習指導要領等の改善及び必要な方策について」平成28(2016)年12月21日,参考資料 p.485。

12 — 平成28(2016)年12月21日に文部科学大臣に提出された中央教育審議会答申「幼稚園,小学校,中学校,高等学校及び特別支援学校の学習指導要領等の改善及び必要な方策等について」は,全611ページからなり,そのうち本文が243ページ,そして概要や,別紙,別添資料,補足資料,審議日程,委員名簿などで構成されている。中でも,別添資料や補足資料の多くは図示されており(「ポンチ絵」とも言う),補足資料には国立教育政策研究所をはじめとして,各国,多数の研究団体や研究者の研究成果が盛り込まれている。それを大別するならば,ひとつは資質・能力論に関するものであり,もうひとつは2030年を想定した近未来の社会環境に関するものである。

13 — 国立教育政策研究所ウェブサイト「OECD生徒の学習到達度調査(PISA2015)平均得点及び順位の推移」http://www.nier.go.jp/kokusai/pisa/index.html#PISA2015
各リテラシーが初めて中心分野となった回(読解力は2000年,数学的リテラシーは2003年,科学的リテラシーは2006年)のOECD平均500点を基準値として,得点を換算。数学的リテラシー,科学的リテラシーは経年比較可能な調査回以降の結果を掲載。中心分野の年はマークを大きくしている。2015年調査はコンピュータ使用型調査への移行に伴い,尺度化・得点化の方法の変更等があったため,2012年と2015年の間には波線を表示している。

14 — 文部科学省は完全学校週5日制の実施に向けて,「みんなではぐくむ子どもの未来 − 完全学校週5日制の下での学校・家庭・地域社会の連携協力」と題するパンフレットを作成している。そこでは学校週5日制が目指すものを次のように解説している。「学校週5日制は,学校,家庭,地域社会の役割を明確にし,それぞれが協力して豊かな社会体験や自然体験などの様々な活動の機会を子どもたちに提供し,自ら学び自ら考える力や豊かな人間性などの「生きる力」をはぐくむことをねらいとしています。子どもたちの「生きる力」をはぐくむためには,豊かな体験が不可欠です。自然体験などが豊富な子どもほど,道徳観や正義感が身についているという調査結果も出ています。」
しかし,学校週5日制は必ずしも教育課程や学習内容の精選,学校・家庭・地域社会の連携という教育的観点によって生まれたものではない。1980年代後半から,日本の経済発展に対する国際社会からの風当たりは強くなり,「日本人は働きすぎ」「日本人の労働時間を短縮すべし」など批判が強くなり,特に,ILO(International Labor Organization 国際労働機関)からは,週40時間労働(週5日労働すなわち完全週休2日

制）を求められていた。そのような中での教員の労働時間の短縮が，学校週5日制導入の背景にある。

15─ 『分数ができない大学生』の編著者である岡部恒治は，当時埼玉大学経済学部で教鞭をとる数学者であった。また，西村和雄は京都大学経済研究所に在籍する経済学者であった。戸瀬信之は慶應義塾大学経済学部の数学者であった。彼らの論旨は，経済学部を目指す学生の入試科目から数学が削除されていく状況に対する危機感から始まっている。経済学は数学の論理性の上に立脚しており，高等学校段階で初歩的な数学のみを履修し，数学に対する興味関心が薄いまま進学してくる経済学部学生こそ「分数ができない大学生」の実態なのである。そして，その原因として「ゆとり教育」と評される平成10（1998）年及び平成11（1999）年に告示された学習指導要領批判を強めていくことになる。

16─ 全国学力・学習状況調査の具体的な内容について，「平成31年度全国学力・学習状況調査」のリーフレット（文部科学省作成）では次のように解説している

❶ 教科に関する調査（国語，算数・数学，英語）
  出題範囲は，調査する学年の前学年までに含まれる指導事項を原則とし，出題内容は，それぞれの学年・教科に関し，以下のとおりとする。
  ① 身に付けておかなければ後の学年等の学習内容に影響を及ぼす内容や，実生活において不可欠であり常に活用できるようになっていることが望ましい知識・技能等
  ② 知識・技能等を実生活の様々な場面に活用する力や，様々な課題解決のための構想を立て実践し評価・改善する力等に関わる内容
  調査問題では，上記①と②を一体的に問うこととする。
❷ 生活習慣や学習環境等に関する質問紙調査
  児童生徒に対する調査
  学習意欲，学習方法，学習環境，生活の諸側面等に関する調査
  （例）国語・英語への興味・関心，授業内容の理解度，読書時間，勉強時間の状況など
  学校に対する調査
  指導方法に関する取組や人的・物的な教育条件の整備の状況等に関する調査
  （例）授業の改善に関する取組，指導方法の工夫，学校運営に関する取組，家庭・地域との連携の状況など

英語は平成31（2019）年より実施，平成24（2012）年，平成27（2015）年，平成30（2018）年は理科も実施している。また，この結果を基に学校の順位付けなどに用いないことを原則としていたが，自治体によっては順位や成績優良な学校の校長名などの公表がなされ，近年では教員給与に反映させる考えを示すような自治体の長も出現している。都道府県別の結果を比較することは可能で，その結果，秋田県や福井県は平成19（2007）年の開始以来，都道府県別平均値においてトップクラスを継続していることから，全国からの教育視察団が集中している。

17─ 教育基本法の改正は，自由民主党の教育基本法改正意見や小渕恵三及び森喜朗内閣の諮問機関であった「教育改革国民会議」の議論を背景に，平成13（2001）年11月に遠山敦子文部科学大臣が「教育基本法」の改正を中央教育審議会に諮問し，平成15（2003）年3月に同委員会が教育基本法改正を答申したことに始まる。改正の基本方針は次のようなものであった。

1.信頼される学校教育の確立
　　　2.「知」の世紀をリードする大学改革の推進
　　　3.家庭の教育力の回復，学校・家庭・地域社会の連携・協力の推進
　　　4.「公共」に主体的に参画する意識や態度の涵養
　　　5.日本の伝統・文化の尊重，郷土や国を愛する心と国際社会の一員としての意識の
　　　　涵養
　　　6.生涯学習社会の実現
　　　7.教育振興基本計画の策定

18── 高等学校教育における学力の三要素としては，学校教育法で規定される学力の三要素
　　「基礎的な知識・技能，思考力・判断力・表現力等の能力，主体的に学習に取り組む態
　　度」を基に，平成26（2014）年12月の「新しい時代にふさわしい高大接続の実現に向け
　　た高等学校教育，大学教育，大学入学者選抜の一体的改革について（答申）」で次のよ
　　うに示されている。
　　　1. 基礎的な知識・技能
　　　2. 思考力・判断力・表現力等の能力
　　　3. 主体性・多様性・協働性

19── 美術科教育学会：昭和54（1979）年設立。会員約600名。図画工作，美術の教員養成
　　を担当する大学教員や初等中等教育の各学校種の教員が参加し，教育理念や方法論を
　　中心課題とする研究団体。

　　大学美術教育学会：昭和25（1950）年に結成された日本教育大学協会全国美術部門と
　　連携する形で昭和38（1963）年に設立。会員約730名。教育大学及び教育学部の美術
　　教育関係教員及び教育大学附属学校教員を中心とし，現在は広く造形美術教育関係者
　　が参加している。

　　全国造形教育連盟：昭和23（1948）年設立。公立小学校，中学校，高等学校の図画
　　工作，美術，工芸教員からなる各都道府県の造形美術教育研究団体として結成された。
　　現在は，幼稚園保育園部門，大学部門，美術館部門などもある。

　　日本美術教育連合：昭和28（1953）年設立。会員数約230名。国際美術教育学会
　　（International Society for Education through Art, 略称InSEA）の東京大会開催を目的と
　　して，美術教育関係8団体が集まり結成された。現在は公益社団法人として，研究発表
　　会や研修会の開催などの公益事業を展開している。

20── 公益財団法人教育美術振興会は，昭和12（1937）年に現在の株式会社サクラクレパス
　　の創始者である佐武林蔵が中心となって発足した。以来，美術教育の進歩と振興を目
　　指し，昭和27（1952）年に財団法人となり，平成24（2012）年には公益財団法人となって
　　いる。大正11（1922）年に始まる「全国教育美術展」を開催するとともに，月刊誌『教育
　　美術』は昭和10（1935）年から継続して刊行している。

21── アメリア・アレナス『なぜ，これがアートなの？』（福のりこ訳，淡交社，1998年）では，
　　近現代美術作品に対する鑑賞を鑑賞者である子どもたちの自発的な気づきや発言を基
　　に展開し，多様な価値観を持つことの重要性を示している。

第2節　新学習指導要領の背景

汎用的能力

　平成30（2018）年及び平成31（2019）年の学習指導要領改訂は，平成26（2014）年11月の下村博文文部科学大臣による中央教育審議会に対する「初等中等教育における教育課程の基準等の在り方について」と題する諮問から始まる。そこには，下記の3点が検討すべき項目として示されている。

1. 教育目標・内容と学習・指導方法，学習評価の在り方を一体として捉えた，新しい時代にふさわしい学習指導要領等の基本的な考え方
2. 育成すべき資質・能力を踏まえた，新たな教科・科目等の在り方や，既存の教科・科目等の目標・内容の見直し
3. 学習指導要領等の理念を実現するための，各学校におけるカリキュラム・マネジメントや，学習・指導方法及び評価方法の改善を支援する方策

　ここにはすでに「育成すべき資質・能力」を基にした教科・科目観が示されている。本節では新学習指導要領そのものについて考察する前に，本書前節に示す平成10（1998）年から平成20（2008）年にわたる約10年間における学力論争と，学習指導要領改訂の論議を踏まえて，平成21（2009）年から平成30（2018）年における資質・能力を中心とする教育論議と美術教育の様相を見ていくことにする。

　平成10（1998）年及び平成11（1999）年改訂，平成20（2008）年及び平成21（2009）年改訂，平成29（2017）年及び平成30（2018）年改訂のいわゆる平成期間の学習指導要領を貫くキーワードは，「生きる力」である。この言葉は，平成8（1996）年に中央教育審議会が「21世紀を展望した我が国の教育の在り方について（第一次答申）」の中で，変化の激しいこれからの社会を生き抜くために必要な資質・能力として，次のように定義したことに始まる。

我々はこれからの子供たちに必要となるのは，いかに社会が変化しようと，自分で課題を見つけ，自ら学び，自ら考え，主体的に判断し，行動し，よりよく問題を解決する資質や能力であり，また，自らを律しつつ，他人とともに協調し，他人を思いやる心や感動する心など，豊かな人間性であると考えた。たくましく生きるための健康や体力が不可欠であることは言うまでもない。我々は，こうした資質や能力を，変化の激しいこれからの社会を［生きる力］と称することとし，これらをバランスよくはぐくんでいくことが重要であると考えた。

　この視点を中心にして最初に改訂されたのが，ゆとり教育批判の対象となった平成10（1998）年及び平成11（1999）年改訂の学習指導要領であることは，前節において述べたとおりである。「生きる力」の理念は，次の段階において，OECDのキー・コンピテンシーなどの能力論などを精査し，平成15（2003）には，国立教育政策研究所によって「21世紀型能力」として整理された。そして，次の平成21（2009）年から平成30（2018）年における資質・能力を中心とする教育論は，まさにこの「生きる力」の理念の具体化とそれを教育課程にどのように反映させるかの議論に集中することになる。

　その過程で注目すべきものとして，キャリア教育における「基礎的・汎用的能力」がある。キャリア教育は，教育課程や教科教育などにおける学力論とは領域が異なるが，少子高齢化社会，産業や経済の構造変化，雇用の多様化などを背景にして，若者の勤労観や職業観などの健全な育成を目途とするものである。具体的には，平成23（2011）年1月の中央教育審議会答申「今後の学校におけるキャリア教育・職業教育の在り方について（答申）」にまとめられている。その中でキャリア教育は「一人一人の社会的・職業的自立に向け，必要な基盤となる能力や態度を育てることを通して，キャリア発達を促す教育」と定義されているが，本書ではキャリア教育そのものやその在り方ではなく，その教育の基礎部分を支える「基礎的・汎用的能力」に注目する。

　同答申では，「基礎的・汎用的能力」について，「基礎的能力」とその

基礎的能力を広く活用していく「汎用的能力」の双方が必要であると
し、「分野や職種にかかわらず、社会的・職業的自立に向けて必要な基
盤となる能力」と定義づけ、具体的に「人間関係形成・社会形成能力」
「自己理解・自己管理能力」「課題対応能力」「キャリアプランニング能
力」に整理している。そして各能力には次のような解説を付している。

　「人間関係形成・社会形成能力」は、多様な他者の考えや立場を理解し、相手の
意見を聴いて自分の考えを正確に伝えることができるとともに、自分の置かれて
いる状況を受け止め、役割を果たしつつ他者と協力・協働して社会に参画し、今
後の社会を積極的に形成することができる力である。
　「自己理解・自己管理能力」は、自分が「できること」「意義を感じること」「した
いこと」について、社会との相互関係を保ちつつ、今後の自分自身の可能性を含
めた肯定的な理解に基づき主体的に行動すると同時に、自らの思考や感情を律し、
かつ、今後の成長のために進んで学ぼうとする力である。
　「課題対応能力」は、仕事をする上での様々な課題を発見・分析し、適切な計画
を立ててその課題を処理し、解決することができる力である。
　「キャリアプランニング能力」は、「働くこと」の意義を理解し、自らが果たすべ
き様々な立場や役割との関連を踏まえて「働くこと」を位置付け、多様な生き方に
関する様々な清報を適切に取捨選択・活用しながら、自ら主体的に判断してキャ
リアを形成していく力である。

　さらにこれらの能力について、答申は「これらの能力は、包括的な
能力概念であり、必要な要素をできる限り分かりやすく提示するとい
う観点でまとめたものである。この4つの能力は、それぞれが独立し
たものではなく、相互に関連・依存した関係にある。このため、特に
順序があるものではなく、また、これらの能力をすべての者が同じ程
度あるいは均一に身に付けることを求めるものではない。」としてい
る。
　本答申の本来的な目的のひとつは、「社会的・職業的自立、学校から
社会・職業への円滑な移行に必要な力」の明確化であった。その要素
としてまとめられた「基礎的・基本的な知識・技能」「基礎的・汎用的
能力」「論理的思考力、創造力」「意欲・態度及び価値観」「専門的な知

識・技能」がさらに整理され，図1のような関係性で整理されている[*1]。

　このキャリア教育からの能力論はやがて平成30（2018）年及び平成31（2019）年の学習指導要領改訂のための議論の中で，学力に関する資質・能力論との関連が整理されていくことになるが，このような議論は文部科学省下におけるものだけではない。すでに，内閣府は，平成15（2003）年には「人間力戦略研究会報告書[*2]」を発表し，「人間力」を「社会を構成し運営するとともに，自立した一人の人間として力強く生きていくための総合的な力」と定義し，各方面への政策提言などを行っている。また，平成18（2006）年には，経済産業省が「社会人基礎力」を「前に踏み出す力」「考え抜く力」「チームで働く力」の3つの能力[*3]から構成される「職場や地域社会で多様な人々と仕事をしていくために必要な基礎的な力」として定義している。

　さらに，文部科学省においても，平成20（2008）年12月には中央教育審議会の「学士課程教育の構築に向けて（答申）」発表し，我が国の学士課程，すなわち大学教育の弱点として，「何を教えるか」より「何

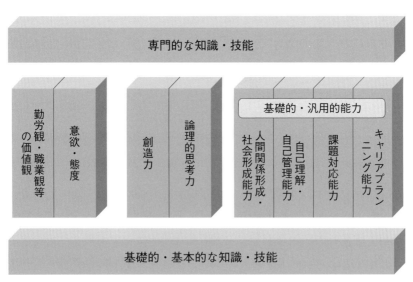

図1 「社会的・職業的自立，社会・職業への円滑な移行に必要な力」の要素

ができるようになるか」を重視した取組の不足や，教育研究の目的等が総じて抽象的であること，学士課程を通じた最低限の共通性が重視されていないことなどを示し，下記に示すような内容を含んだ「学士力」を提言している。

1. 知識・理解
   （多文化・異文化，社会，自然等）
2. 汎用的技能
   （コミュニケーション・スキル，数量的スキル，問題解決力等）
3. 態度・志向性
   （自己管理力，チームワーク，倫理観，社会的責任等）
4. 総合的な学習経験と創造的思考力

　現在は，この「学士力」に関する議論を振り出しに各種の大学教育改革が進行するとともに，学士課程における共通性という視点から通称「学士力認定試験」と呼ばれる標準化テストが一部の大学などでは用いられるようになってきている。また，このような一連の基礎的・汎用的能力論は，ジェネリックスキルとして，大学のみならず高等学校や社内教育などでも注目され，一部の大手進学予備校では，自社開発のアセスメントテストの普及に取り組んでいる[*4]。

　一方，このような標準化テストの導入に対する懐疑的，否定的な意見が多いことも事実である。そのひとつに学校教育の質保証の考え方や教育内容の共通性を強化することが，画一的な人材育成につながり，多様性を包含する中で発展する社会という大命題に逆行するものであるという教育理念による反対意見がある。そのような論議の中で，近年衆論を集めたもののひとつに「コアカリキュラム」がある。これは，文部科学省の「教職課程コアカリキュラムの在り方に関する検討会」が平成29（2017）年11月に発表した教員の質保証を目的として，全国すべての大学の教職課程で共通的に修得すべき資質能力を示すものとされている。戦後の開放制といわれる教員養成については，これまでも教員の質保証について様々な議論があったが，今回は具体的な基準

が示され，平成30（2018）年の教職課程再課程認定[*5]において，この「コアカリキュラム」に基づいて「教職に関する科目」の審査がなされることとなった。そこでは，「教職に関する科目」の各科目に必要な事項が示され，各事項には「全体目標」とともに「一般目標」と「到達目標」が設定されている[*6]。

　現段階における「教職課程コアカリキュラム」に関しては，アセスメントテストの導入などはないが，将来において教師力テスト，ひいては国家試験としての教育職員免許状取得試験の実施などを危惧する声もある。

　そして，さらに多くの意見が集まるのは，このようなアセスメントテストに対する信ぴょう性に関するものである。そもそも基礎的・汎用的能力，ジェネリックスキルなるものが存在するのか，仮に存在するとしても，それは質問紙的なテストによって計測可能なものかという疑問である。前節で取り上げたPISAテストが，キー・コンピテンシーの視点を反映した問題であったとしても，その回答から得られるのは，各リテラシー等の言わば各個人の該当分野における技能を数値化したものである。筋力や走力，持久力，跳躍力などの身体的能力が計測によって数値化されるように，人間の知的資質・能力を数値として捉えることは可能なのであろうか。

　近い将来において脳科学が進み，脳の仕組みや働きの様子を機械的に計測し得るようになることは想像に難くない。しかし，本節で取り上げてきた「生きる力」「キャリア教育における基礎的・汎用的能力」「人間力」「社会人基礎力」「学士力」を総括するならば，社会的存在としての人間の資質・能力に関する教育論であることは言うまでもない。それはまさしく社会的存在としての人間という大前提がある。人間の知的活動における資質・能力はそれらが状況に応じて働く時に意味や価値が生じるものである。仮に，ある学習や訓練を積んである種の知的な資質・能力を得たとしても，それはいつまでもその個人に保管さ

れ，必要な時に取り出して使うことができるような便利な道具ではない。

　さらに加えるならば，基礎的・汎用的能力もしくはジェネリックスキルの育成を目指す教育は成立しない。なぜならば，それらは，明確な目標や具体的な学習内容で構成されたある学習領域において，研鑽を重ねることで身についた技能や態度などに汎用的要素を見出すことを示す教育論だからである。最初から基礎的・汎用的能力，ジェネリックスキルがあるのではなく，各教科や領域の学習の過程で育まれるのが汎用的能力，ジェネリックスキルである。

美術教育と資質・能力の育成

　ここからは，このような汎用的能力，ジェネリックスキルの議論が展開された平成20年代に，美術教育はどのような状況にあったかを概観してみる。

　平成10年代におけるキー・コンピテンシーを中心する学力論や能力論に対して，美術教育はそれらとは違う立場からの教育論を展開しようとしていた。それは「情操」の言葉に集約される教科の特殊性と言えるものでもある。そもそも「情操」の言葉は長く図画工作科や美術科の学習指導要領の中で教科目標として登場してきた。すでに昭和22（1947）年の「学習指導要領図画工作編（試案）」では，「図画工作科の目標」中の「一　自然や人工物を観察し，表現する能力を養う。」及び「三　実用品や芸術品を理解し鑑賞する能力を養う。」に「（四）豊かな美的情操。」が設定されている。法的拘束性を有する「学習指導要領」として告示された昭和33（1958）年の小学校学習指導要領における図画工作の教科目標では，5項目の目標の3に「造形的な表現や鑑賞を通して，美的情操を養う。」との一文がある。また，同年の中学校学習指導要領美術の目標では，4項目の目標の4に「美術の表現や鑑賞を通して，情操を豊かにするとともに，美術的な能力を生活に生かす態

度や習慣を養う。」と示されている。この時の高等学校学習指導要領は昭和35（1960）年に告示されているが，その芸術の目標にはやはり4項目があり，その2に「芸術の学習経験を通して，美的感覚を洗練し，芸術的な表現と鑑賞力とを養うとともに，情操の純化を図る。」となっている。

　次の昭和43（1968）年の小学校学習指導要領改訂，昭和44（1969）年の中学校学習指導要領改訂，昭和45（1970）年の高等学校学習指導要領改訂では，教科の目標が柱書と1～4項目の構成となり，その柱書部分に「美的情操を養う」が示されている。また，昭和52（1977）年の小学校及び中学校学習指導要領改訂，昭和53（1978）年の高等学校学習指導要領改訂では，教科目標は一文にまとめられる。例えば小学校図画工作科の目標は，「表現及び鑑賞の活動を通して，造形的な創造活動の基礎を培うとともに，表現の喜びを味わわせ，豊かな情操を養う。」となっており，「情操」は目標の締めくくりに位置付けられることになる。この形式は中学校美術科でも高等学校芸術科でも同様であり，平成20（2008）年の小学校及び中学校学習指導要領改訂，平成21（2009）年の高等学校学習指導要領改訂まで続くことになる。

　平成29（2017）年の小学校及び中学校学習指導要領改訂，平成30（2018）年の高等学校学習指導要領改訂では，柱書と「知識及び技能」「思考力，判断力，表現力等」「学びに向かう力，人間性等」の三つの柱で構成されたことにより，「情操」は教科目標全体の締めくくりから，三つの柱のひとつ「学びに向かう力，人間性等」の最後に位置付けられている。しかしながら，「情操」の言葉の意味についての解説は，新旧の各学習指導要領解説を比較しても大きな変化はない。全く同じであると言ってよい[7]。むしろここで重要なのは，「情操」の意味ではなく，その位置付けが変わったことであり，それよって，図画工作科や美術科，芸術科の教科性は，「情操」も包含する「造形的な見方，考え方」に示されるようになった点である。

三つの柱によってすべての教科構造が統一的に組み立てられるにあたって，全教科に設定された「見方，考え方」は，教科の特質や専門性を基に深い学びへとつながるものであり，児童生徒が各教科の「見方，考え方」を自在に働かせるようにすることが求められている。詳細は次節に譲るが，「見方，考え方」が資質・能力の育成を目指す中での教科性を示すものであるとする時，美術教育おいては「情操」を基軸にしたこれまでの方向性を見直す時にあることを我々は自覚すべきである。

　前節で取り上げた「美術科教育学会」や「大学美術教育学会」「日本美術教育連合」の研究紀要においても，平成20年代に入ると本数は多くはないが，資質・能力や造形能力などに関する論文が発表されるようになってきた。そのキーワードを取り出してみると，「汎用的資質能力」「造形的な視点」「発想や構想の能力と資質能力論」「Arts-Based Research」「STEAM」「国際バカロレアIBMYP」など，平成10年代にはあまり見ることのない論文が注目され始めたのである。また，これも前節で取り上げた「教育美術振興会」の月刊誌『教育美術』では，平成27（2015）年7月号で，「21世紀型スキルと美術教育」と題する特集を組んでいる。しかしながら，各論文や記事を読んでいくと，資質・能力育成教育へと教育の流れが進む中，その方向性を見定めた美術教育の在り方に対する提言とともに，その流れに対する疑問を呈する意見があることもまた事実である。

　前述のように平成26（2014）年11月に中央教育審議会に対する新たな学習指導要領作成に向けた諮問「初等中等教育における教育課程の基準等の在り方について」が提示される段階になると，これからの教育における美術教育の有効性を主張しようとする動きも始まってくる。そのひとつが「美術教育連絡協議会」によって，文部科学大臣などに対して提出された「美術教育の充実に向けての要望書」である。「美術教育連絡協議会」は，この要望書提出にあたって美術教育関係学会や研究団体によって臨時的に作られた協議会である。そこには下記の8団

体[*8]が参加している。

　公益社団法人日本美術教育連合

　全国造形教育連盟

　全国大学造形美術教育教員養成協議会

　大学美術教育学会

　日本教育大学協会全国美術部門

　日本教育美術連盟

　日本美術教育学会

　美術科教育学会

　この要望書の論旨は，「21世紀型スキル」及び「生きる力」の育成を目指す美術教育の在り方についての研究を踏まえ，下記の3点から美術教育の重要性を主張するとともに，次期教育課程の改訂においては，学校における美術教育の一層の充実が図られるよう要望するものであった。その大項目3点及び小項目は次のようなものである。

1）美術教育は実践的なかたちで「認知スキル」の獲得を促進する。
　・イメージと想像力
　・批判的思考と創造性
　・表現と鑑賞の活動を通したメタ認知能力の獲得
2）美術教育は感性を通して「社会的スキル」を獲得することに寄与する。
　・コミュニケーション
　・ICTとコラボレーション
3）美術教育は「アクティブ・ラーニング」のモデルを提供し推進する。
　・美術の学習活動の本質は主体的で協働的な問題解決学習
　・アクティブ・ラーニングとしての図画工作科，美術科等の学習

　さらに，平成20年代後半になると，新学習指導要領に向けた中教審答申の検討状況が次第に明らかになり，資質・能力育成教育の構想とともに，アクティブ・ラーニングなどのキーワードが次第に知られるようになっていった。その中で，美術教育関係者の中からは，資質・能力育成を目的とする教育を，これまでの美術教育はすでに実践して

きたとする見解が示されるようになってくる。すなわち，主体的で協働的な学習や，コミュニケーション能力の育成，創造性などは図画工作や美術の授業で尊重してきたものであり，資質・能力育成を目指す教育とは，美術教育にとって何ら新たな視点ではないとの意見である。

　確かに表現教科において，学習者の主体的な学習態度は基本中の基本であり，ヒト・モノ・コトの関係の上に成立する図画工作や美術の学びは，コミュニケーション能力や創造的思考を育成することを目的としてきた。故に，授業の考え方や方法としては，内容教科と言われる他教科の学びと比較すれば，現状においても対応しやすい側面はある。しかしながら，今回の改訂における資質・能力論から整理された「知識及び技能」「思考力，判断力，表現力等」「学びに向かう力，人間性等」の三つの柱は，学校教育全体を貫くものであり，教科の特性や独自性によるもではない。詳細は次節で示すが，2030年の社会を生きる力が想定され，そのために各教科の学びがどのような資質・能力を育成するかが示され，「造形的な見方，考え方」としてまとめられたものである。その意味する内容だけでも，今後，造形美術教育がその理論的研究，実践的研究において取り組むべき課題は大きい。

図画工作・美術における学習状況調査

　このような研究や議論が交錯する中，国立教育政策研究所は実際の学習状況を把握するための調査を平成20年代に二種実施している。ひとつは図画工作及び美術の学力調査とも言える「特定の課題に関する調査（図画工作・美術）」であり，もうひとつが「学習指導要領実施状況調査」である。

　最初の「特定の課題に関する調査（図画工作・美術）[*9]」は平成21（2009）年11月から平成22（2010）年2月にかけて実施され，小学校図画工作は119校約3,500人の小学6年生を，中学校美術は104校約3,300人の中学3年生を対象にしている。目的は，「発想や構想の能力

	内容	調査I	調査II	質問紙
図画工作	内容A (約2,300人)	○調査AI 発想や構想の能力 【絵に表す実技】	○調査AII 鑑賞の能力 【ペーパーテスト】	学習内容に関連した 児童の意識等
	内容B (約1,200人)	○調査B 鑑賞の能力及び創造的な技能 【ペーパーテスト及び木片を用いてつくる実技】		
美術	内容A (約2,200人)	○調査IA 鑑賞の能力及び発想や構想の能力 【ペーパーテスト及びデザインに表現する実技】	○調査II 鑑賞の能力 【ペーパーテスト】	学習内容に関連した 生徒の意識等
	内容B (約1,100人)	○調査IB 発想や構想の能力 【絵に表現する実技】		

図2 特定の課題に関する調査（図画工作・美術）調査結果（小学校・中学校）
（国立教育政策研究所教育課程研究センター, 2011年3月）

（図画工作・美術）」「創造的な技能（図画工作）」「鑑賞の能力（図画工作・美術）」の実現状況を把握することであり，「絵に表す（図画工作・美術）」「木片を用いてつくる（図画工作）」などの実技調査と「学習内容に関連した児童生徒の意識や，教師の指導の実際等に関する質問紙調査」で構成されている。この最終的な報告書は平成23（2011）年3月に提出されているが，この調査の基本は平成3（1991）年の「指導要録の改善に関する審議のまとめ」以来の図画工作・美術の評価の四観点，「造形（美術）への関心・意欲・態度」「発想や構想の能力」「創造的な技能」「鑑賞の能力」にある。また，このような図画工作・美術に関する全国規模の学力調査を文部科学省や国立教育政策研究所などが行うのは，図画工作は51年ぶり，美術では初めてであり，実技調査はともに初めてとされている。調査内容と方法は図2のとおりである。

　この調査の結論は，平成20（2008）年3月告示の学習指導要領において指導の改善に必要な視点として示されているが，それはまた，平成29（2017）年3月告示学習指導要領改訂における視点へとつながることになる。その視点を報告書本文から要約すると次のようになる。

○小学校図画工作科
(1) 児童が意欲的に表現活動を行うプロセスを通して，児童自身の発想や構想の

能力を具体的に発展させる指導の工夫

　児童が意欲的に表現活動を行うプロセスを通して，発想や構想の能力を育成することが大切である。その際，児童の発想や構想の能力を一層伸ばすようにするために，具体的な視点を取り入れて指導を改善することが大切である。そのためには，まず，児童自身が感じたことや想像したことなどから表したいことを見付けて表す活動を行うことが重要である。学習指導要領（平成20年3月告示）で示された〔共通事項〕は，形や色などの造形的な特徴をとらえ，そこからイメージをもつようにすることを示しており，指導の改善における具体的な視点とすることができる（報告書本文の要約）。

(2)〔共通事項〕に着目した指導や言語活動の充実を通して，児童の鑑賞の能力を効果的に育成する指導の工夫

　指導を改善するためには，作品の形や色などの造形的な特徴，表現の意図や表し方の工夫などを具体的にとらえたり，話し合ったりするなどの活動を通して，児童の鑑賞の能力を効果的に育成することが大切である。そのためには，学習指導要領（平成20年3月告示）で示された，形や色などの造形的な特徴やイメージなどに関する〔共通事項〕を児童自身が意識しながら学習活動が展開するようにすることが重要である。さらに，児童や学校の実態に応じて地域の美術館などを利用したり，連携を図ったりすることによって，我が国や諸外国の親しみのある美術作品，暮らしの中の作品などに関する鑑賞活動の充実を図ることも大切である。

(3)児童が材料や用具を十分に用いながら，試行錯誤をしたり，製作の手順を考えたりするなどを通して，経験的に創造的な技能を育成するような指導の工夫

　指導を改善するためには，児童が十分に材料や用具に親しむ時間を確保するとともに，試行錯誤をしながら表し方を考えたり，表したいことにそって製作の手順を考えたりするなど，児童の活動を通して創造的な技能を育成することが大切である。そのためには，学習指導要

領（平成20年3月告示）の指導計画の作成と内容の取扱いで整理して示された材料や用具を十分に経験させることが重要である。さらに，材料や用具を用いて表すこれらの経験は，児童の生活や社会とのかかわりを促進し，ものをつくる楽しさを味わわせることができるという観点からも重要である。

○中学校美術科

(1) 形や色彩，材料などの感情効果を意識したり，イメージをとらえたりしながら，表現や鑑賞の学習を行うよう指導の充実を図る

　指導の充実を図るには，対象を形や色彩，材料などに着目してとらえ，それらの性質や感情の効果を意識したり，対象全体のイメージを大きくとらえたりすることが大切である。このような視点から発想や構想を促したり，生じたイメージを大切にして鑑賞したりすることにより，感性や美術の創造活動の基礎的な能力が一層豊かに育成されていくことになる。

(2) 表現と鑑賞の学習を充実するために，言語活動を効果的に取り入れるよう指導の充実を図る

　指導の充実を図るには，自分で感じ取ったことを言葉で考えさせ，その考えを整理させる指導が重要である。漠然と見ていては感じ取れないことが，言葉にすることによって美しさの要素が明確になり感じ取れることがある。ものの見方や感じ方を豊かにしていくためには，感じ取り，考えたことを記述したり，他者と意見を交流したりして根拠を明らかにしながら見方や感じ方を広げることが重要であり，言語活動を効果的に取り入れるよう指導の充実を図ることが大切である。

(3) 生活を美しく豊かにする美術の働きを実感できるよう指導の充実を図る

　生徒の身近にある作品などを基に，情報などを分かりやすく美しく伝えるための伝達のデザインや，用と美の調和が図られた工芸などに

触れ，生活の中で直接機能的に働く造形や美術の働きなどを実感できるよう指導の充実を図ることが大切である。

(4) 我が国や諸外国の美術や文化に関する指導の充実を図る

　複数の作品を鑑賞する中で，共通して見られる表現方法の特性や美意識，価値観などに気付かせ，美術文化や伝統に対する関心を高めるなど，我が国や諸外国の美術や文化に関する指導の充実を図ることが大切である。

　二つ目の「学習指導要領実施状況調査[*10]」は，「平成24・25（2012・13）年度小学校学習指導要領実施状況調査」と「平成25年度中学校学習指導要領実施状況調査」があり，ペーパーテスト調査及び児童生徒質問紙調査，教師質問紙調査，学校質問紙調査からなる。その目的は，小中学校の学習指導要領の検証のため，改善事項を中心に，各教科の目標や内容に照らした児童生徒の学習の実現状況について調査研究を行い，次期指導要領改訂の検討のためのデータ等を得ることであり，その結果は，平成29（2017）年3月告示の新学習指導要領に直接的に反映されている。

　この調査の中で小学校図画工作は，平成25（2013）年2月18日（月）から3月8日（金）までの間に，第6学年児童6,863人に対して，ペーパーテスト調査と児童質問紙調査を実施し，227人の教員に対して教師質問紙調査を実施している。なお，教師の立場の内訳は学級担任68.0%，教科担任3.1%，図画工作専科15.6%，その他0.8%，無回答12.4%となっている。ペーパーテスト調査は，「風を感じる世界」をテーマとする同級生の作品を鑑賞し，自らもある条件のもとに同様の作品を鉛筆で描くものと，妙心寺の狩野山楽筆「龍虎図屏風」を鑑賞し，質問に答えるものとなっている。このようなペーパーテスト調査の結果のまとめは次の2点に集約されている。

- 形の特徴を考えながら表し方を構想して絵に表すことや，自分たちの作品について表し方の変化，表現の意図や特徴などをとらえること等については，相当数の児童ができている。
- 表したいことを見付けて絵に表すことや，我が国や諸外国，暮らしの中の作品について表し方の変化，表現の意図や特徴などをとらえること，複数の造形的な特徴を根拠に作品の印象を説明すること等については，課題があると考えられる。

　また，これらを基にした指導上の改善点として，4つの観点から次のように整理されている。

1. 発想や構想の能力を育成する指導の充実
- 「図画工作の授業がどの程度できますか」という質問に対して，肯定的な回答をしている児童の割合は，音楽等質問紙調査（平成16年度）と比べて10％以上高い。このようなことからも，表したいことを自分で見付ける学習を充実するなど，児童一人一人の創造性を一層高めることが重要。
- 表したいことを見付けることと，表し方を考えたり計画を立てたりすることの違いや関連を理解し，表したいことを思い付くことができるよう，指導することが重要。
- 材料を基に造形遊びをする活動と，表したいことを絵や立体，工作に表す活動をバランスよく指導することが重要。また，発想や構想の能力，創造的な技能，鑑賞の能力が共に高まるよう，指導することが重要。

2. 鑑賞の対象や鑑賞の方法を工夫した指導の充実
- 我が国や諸外国の親しみのある美術作品，暮らしの中の作品などの鑑賞の活動について，より効果的な言語活動を取り入れるなど，一層充実することが必要。
- 我が国の美術作品のうち，日本の伝統的な文化に関しては，材料や表現の方法と関連付けた表現活動を設定するなど，児童の主体的な活動を取り入れると共に，興味をもつことができるよう，鑑賞の方法を工夫することが重要。
- 暮らしの中の作品の鑑賞は，暮らしの中のものや造形として広くとらえ，児童が自分の暮らしと関連付け，生活を豊かにすることに関心をもつことができるよう，鑑賞の方法を工夫することが重要。

3. 造形的な特徴をとらえイメージをもつことに関する指導の充実
- 自分の感覚や活動を通して，形や色，動きや奥行きなどの造形的な特徴をとらえ，自分のイメージをもつという指導事項〔共通事項〕についての一層の理解が重要。
- 表現の活動では思い付いたことを進んで取り入れられるようにしたり，鑑賞の活動では根拠を明確にして語り合ったりするなど，造形的な特徴をとらえ

イメージをもつことを意識できるような学習活動を充実することが重要。

4. 共に学び高め合う場としての指導の充実

- 児童が自分や友達の表し方や感じ方のよさや違いに気付き，活動を通して共感したり，多様性を感じ取ったりすることができるよう，指導を充実することが重要。
- 造形遊びをする活動においては，児童の気付きや発想が，友達とつながり，活動を展開できるよう，指導を工夫することが重要。
- 表したいことを絵や立体，工作に表す活動では，鑑賞の学習と関連させ，同じ材料や用具を扱う場面において，友達の表したいことや表し方の違いなどに気付き，お互いの表現のよさを感じ取ることのできるような指導の工夫をすることが重要。

「平成24・25年度小学校学習指導要領実施状況調査 結果のポイント」より抜粋

　中学校美術科については，平成25（2013）年10月28日（月）から12月20日（金）までの間に，第3学年の生徒7,729人に対して，ペーパーテスト調査と生徒質問紙調査を実施し，239人の美術科担当教員に教師質問紙調査を実施している。なお，教師の立場に関する内訳は次のようになっている。

1　教員　79.1%
　（免許を有しており，教員［教頭，教諭等］として教えている）
2　臨時的任用教員（常勤講師）　8.1%
　（免許を有しており，臨時的任用教員（常勤講師）として教えている）
3　非常勤講師　10.3%
　（免許を有しており，非常勤講師として教えている）
4　免許外担任　0.8%
　（専門は他教科であり，免許外担任等として教えている）
5　その他　1.3%
　（回答用紙に具体的に記入）
6　無回答　0.4%

　また，ペーパーテスト調査は，ものの形を生かした生き物（キャラクター）を描いた同学年の生徒の作品を鑑賞し，履物の形を生かした生き物を自らも描くという課題と，バスケットボール部のマークとT

シャツのデザインについて鑑賞し，工夫点などを読み取る課題となっている。このようなペーパーテスト調査の結果のまとめは次の2点に集約されている。

- 対象の形の特徴を捉えて表したいものと結び付けて絵を構想すること，具象性の高いものなど視覚的に捉えやすいものから特徴や表現の効果を捉えることについては，相当数の生徒ができていると考えられる。
- 動きや変化などの時間の経過に伴った形の特徴などを捉えて絵を構想すること，形や色彩の特徴などを基に，分析的に対象のイメージを捉えることについては，課題があると考えられる。

また，これらを基にした指導上の改善点として，5つの観点から次のように整理されている。

1　発想や構想の能力の育成のための指導の充実
- 生徒一人一人が自己の感じ取ったことや考えたこと，目的や条件，機能などを基に，表したいことの中心となる考えやテーマを創出し，発想や構想をすることができるよう指導を工夫する。
- 感覚的に思い付いたことだけでなく，〔共通事項〕に示されている，形や色彩などの性質や，それらがもたらす感情などの造形的な特徴に対する視点をもたせ，形や色彩を効果的に生かして発想や構想をすることができるよう指導を工夫する。
- 生徒一人一人が感性や想像力を働かせて，多様な視点から形や色彩などを捉えたり，形や色彩などの特徴から全体のイメージを捉えて発想や構想をすることができるよう指導を工夫する。
- 主題を基に，単純化や省略，強調などを総合的に考えて構成を工夫して表現することや，目的や条件，機能などを基に，形や色彩などの性質やそれらがもたらす感情などを理解した上で，複数の要素を総合的に考えて構想することなどを重視し，指導を工夫する。

2　鑑賞の能力の育成のための指導の充実
- 造形的なよさや美しさ，作者の心情や意図と創造的な表現の工夫，目的や機能との調和の取れた洗練された美しさなどを豊かに感じ取り，見方を深めるために，生徒自らが〔共通事項〕に視点を当て，形や色彩などの特徴を基に，対象のイメージを捉えて鑑賞を深められるよう指導を工夫する。
- 多様な表現方法に触れ，形や色彩などの性質やそれらがもたらす感情などから，その効果などを感じ取りながら自分なりの見方や感じ方を深めることができるよう指導を工夫する。

- 作品などの形や色彩などの特徴から，対象を分析的に捉えることや，自分の価値意識をもって考えの根拠を明らかにして述べたり批評し合ったりする活動を充実させる。

3 〔共通事項〕を位置付けた指導の充実
- 表現及び鑑賞の学習における発想や構想をする場面，創造的な技能を働かせる場面，鑑賞の能力を働かせる場面のそれぞれにおいて，生徒自らが〔共通事項〕に示されている形や色彩などの性質やそれらがもたらす感情などの視点をもち，意識を向けて考えたり，形や色彩などの特徴から対象のイメージを捉えたりすることができるよう〔共通事項〕の視点で指導を見直し，学習活動を工夫する。
- 形や色彩，イメージなどの〔共通事項〕を視点に，発想や構想の能力や鑑賞の能力を具体的に育成するような言語活動を充実させる。

4 美術文化についての理解を深めるための指導の充実
- 日本の美術の特徴や多様な表現方法を捉えたり，そのよさを味わったりして，日本の美術や伝統と文化に対する理解などが深まるよう指導を工夫する。
- 日本と諸外国の美術や文化の相違と共通性に気付き，それぞれのよさや美しさなどを感じ取り味わうことができるよう指導を工夫する。

5 生活の中の美術の働きの理解を深めるための指導の充実
- 自然や身近な環境の中に見られる様々な造形における形や色彩などの要素に着目し，それらのよさや美しさなどを，実感を伴いながら感じ取り味わうことができるよう指導を工夫する。
- 自然と人間との関わりなど，様々な観点から造形的な美しさなどを感じ取り，生活の中の造形や作品などに自然がどのように表現されたり生かされたりしているかについて理解を深めるよう指導を工夫する。

「平成25年度中学校学習指導要領実施状況調査 結果のポイント」より抜粋

　このような調査結果と分析によって，平成29（2017）年3月告示学習指導要領の基本的な内容が構築されたことを考えるならば，すでにこの調査自体が資質・能力の育成という視点から学校の授業実践を捉えようとする姿勢によって貫かれていることは明確である。さらには，平成20年（2008）3月告示学習指導要領において示された育成すべき学力が，今回の改訂ではその論理性の構築と整理が一層進んだと言える。

美術，芸術からアートへ

　このような資質・能力育成を目指す教育論が展開される中で，美術教育はどのような状況にあったかを省察するとともに，この10年間の美術や芸術に関する社会の状況はどうであったかを見ておくことも我々の教科にとっては重要である。平成29年（2017）3月告示学習指導要領において図画工作が育成すべき資質・能力は，「生活や社会の中の形や色などと豊かに関わる資質・能力」として示され，中学校美術及び高等学校芸術科美術では，「生活や社会の中の美術や美術文化と豊かに（高等学校芸術科美術Ⅰは「幅広く」）関わる資質・能力」となっている。すなわち，現在の社会における形や色，そして美術や美術文化がどのような状況にあるかの理解の上に立って，図画工作や美術，工芸の授業を考えるべき側面を美術教育は持っている。また，資質・能力育成を目的とする教育論が展開された平成21（2009）年から平成30（2018）年における美術教育の動きを見るにあたっては，ここ10年間の美術界の状況とともに，美術鑑賞者の動向についての理解も重要である。

　この10年間の我が国の美術文化の動向を一言でまとめるならば，現代美術が市民権を得るとともに，アートプロジェクトなどに多くの市民が集まることが一般化し，市井における美術や芸術の普及が進んだ時代と捉えることができる。アートプロジェクトに明確な定義はないが，作品の制作過程などに注目し，美術館での展示や鑑賞ではなく，地域社会におけるヒト，モノ，コトなどの関係性を重視してアートを捉えたり，アートを媒介にした地域活性化などに取り組んだりすることを指す。また，作家個人などが比較的に短時間，小規模に展開する造形的ワークショップなどもアートプロジェクトのひとつと見ることもできるし，このようなアートプロジェクトやワークショップを自身の表現活動，もしくは主要な作品とする作家たちが活躍する状況にある。これを美術鑑賞者側から見るならば，美術や芸術の敷居が低くな

り，誰もが以前より気楽にアートの世界に足を踏み入れることが可能になり，より多くの人が関心を持つようになったと言えるだろう。かつて，美術や芸術の領域は，美術や芸術を理解し，その何たるかを知る者のみが入ることを許される世界であったものが，誰でもが自分なりの楽しみ方を享受することができるようになったのである。アートプロジェクトやワークショップの参加者の様子を観察すると，誰もが堂々としていると言っても過言ではない。そのような環境では「美術」「芸術」という言葉よりも「アート」の方がふさわしい。

　平成12（2000）年から3年に1度開催されている「大地の芸術祭 越後妻有アートトリエンナーレ」は，そのようなアートプロジェクトの大衆化とも言うべき現象を牽引し，この成功は多くの自治体のアートに対する関心を高めることになった。会場は，新潟県十日町市と津南町のいわゆる越後妻有であるが，平成30（2018）年7月29日から9月17日にかけて実施された第7回では，十日町，川西，津南，中里，松代，松之山の6エリアに，379点のアート作品が展示されている。これまでのその入場者数を見ると次のようになる。

```
平成12（2000）年　第1回　162,800人
平成15（2003）年　第2回　205,100人
平成18（2006）年　第3回　348,997人
平成21（2009）年　第4回　375,311人
平成24（2012）年　第5回　488,848人
平成27（2015）年　第6回　510,690人
平成30（2018）年　第7回　548,380人
```

（十日町市観光交流課 芸術祭企画係 発表）

　豪雪地帯で知られ，過疎化の進むこの地域に，一時とは言え，54万人もの人々が押しかける状況は，地域の活性化や経済効果という視点からだけでは語ることができない。人々を迎える妻有の人々にとっては，自らの地域やそこで生きる自分自身にアートという新たな光をあてられることによって，この地で生きることに対する自信を確認する行為でもある。訪れる人々は多様な妻有の風土と一体化したアートと

の出会いによって, 新たな視点を求めようとしている。

　また一般社団法人アート東京が主催する「アートフェア東京」は, 美術作品の売買を目的とするフェアであるが, ここでも入場者数及び売上額は増加を続けている。美術作品を購入する目的は様々であるが, 入場者のほとんどは一般の市民であり, ギャラリーの担当者と談話をし, 作品を見つめるその様子を観察するならば, ほとんどの人々が堂々としている。そして, 自分が気に入った作品, 自分の生活空間にあることを望む作品については, それがかなり高額であっても積極的に購入している。平成17 (2005) 年から始まったこのフェアの入場者数及び売上金額の推移は次のようになる。

	参加ギャラリー	入場者数 (人)	売上金額 (億円)
2019 (H31)	160	60,717	29.7
2018 (H30)	164	60,026	29.2
2017 (H29)	150	57,758	24.5
2016 (H28)	157	56,300	11.3
2015 (H27)	160	54,850	10.2
2014 (H26)	180	48,468	9.5
2013 (H25)	176	43,852	4.8
2012 (H24)	138	53,010	2.7
2011 (H23)	133	43,210	1.9
2010 (H22)	138	50,075	2.3
2009 (H21)	143	45,697	3.0
2008 (H20)	108	42,779	3.5
2007 (H19)	98	31,943	3.5
2006 (H18)		開催せず	
2005 (H17)	83	28,214	2.0

(一般社団法人 アート東京 発表)

　一極集中の傾向が著しい東京を背景にした傾向とは言え, この10年の間に, 美術作品と鑑賞者との距離に明らかな変化が生じてきたことは, このふたつの事例からも確かなことだと言えるだろう。さらに市民と文化芸術との関係を考察するために, 文化庁が行っている「文化に関する世論調査[*11]」を取り上げてみよう。

　この調査は昭和62 (1987) 年から始まり下記の回数が実施されているが, 平成28 (2016) 年9月調査までは, 内閣府大臣官房政府広報室世論調査担当が実施していた。平成30 (2018) 年度調査からは文化庁が

実施している。

文化に関する世論調査（平成 30 年度調査）
文化に関する世論調査（平成 28 年 9 月調査）
文化に関する世論調査（平成 21 年 11 月調査）
文化に関する世論調査（平成 15 年 11 月調査）
文化に関する世論調査（平成 8 年 11 月調査）
文化に関する世論調査（昭和 62 年 7 月調査）

　各回の質問及び選択肢に違いがあり，単純な経年比較はできないが，関連する項目を取り上げてみるといくつかの傾向を読み取ることができる。

　平成 30（2018）年度調査では「文化芸術の鑑賞活動」の項目では，「あなたは，この 1 年間で，どの程度，コンサートや美術展，アートや音楽のフェスティバル，歴史的な文化財の鑑賞，映画その他の文化芸術イベントを鑑賞しましたか。」との質問に対し，次のような回答となっている。

（46.1％）まったく・ほとんど鑑賞していない
（14.9％）半年に 1 回程度
（14.7％）年に 1 回程度
（13.8％）2 〜 3 ヶ月に 1 回程度
（7.0％）月 1 回程度
（3.5％）月数回以上　　　　　　　　　　※以下（ ）内は回答者総数に対する比率

　この回答者に対する「あなたが，この 1 年間に鑑賞した文化芸術のジャンルは何ですか。いくつでも選んでください。」との質問の回答は次のようになっている。

（45.3％）美術（絵画，版画，彫刻，工芸，陶芸，書，写真，デザイン，建築，服飾など）
（43.6％）映画（アニメを除く）
（31.5％）ポップス，ロック，ジャズ，歌謡曲，演歌，民族音楽など
（29.6％）歴史的な建物や遺跡，名勝地（庭園など）の文化財
（25.2％）オーケストラ，室内楽，オペラ，合唱，吹奏楽など
（22.7％）歴史系の博物館，民俗系の博物館，資料館など
（13.3％）アニメ映画，コンピュータや映像を活用したアート（メディアアート）など
（12.5％）ミュージカル

（9.4%）地域の伝統的な芸能や祭りなどを含む民俗文化財
（9.2%）花展，盆栽展，茶会，食文化などの展示，イベント
（8.0%）伝統芸能（歌舞伎，能・狂言，人形浄瑠璃，琴，三味線，尺八，雅楽，声明など）
（7.7%）演芸（落語，講談，浪曲，漫才・コント，奇術・手品，大道芸，太神楽など）
（7.7%）現代演劇，児童演劇，人形劇
（3.6%）ストリートダンス（ブレイク，ヒップホップ等），ジャズダンス，民俗舞踊（フラダンス，サルサ，フラメンコ等），社交ダンスなど
（3.3%）バレエ，モダンダンス，コンテンポラリーダンスなど
（2.1%）日本舞踊
（0.4%）その他
（1.2%）分からない

　これに類する質問を平成21（2009）年11月調査で見てみると，「1.
文化芸術の鑑賞活動及び創作活動」の項目中の「Q1」に「あなたが，こ
の1年間に，ホール・劇場，映画館，美術館・博物館などに出向いて
直接鑑賞した文化芸術は何ですか。この中からいくつでもあげてくだ
さい。」との問いがあり，その回答は次のようになっている。

（37.2%）映画（アニメーションを除く）　　（5.3%）伝統芸能
（36.9%）鑑賞したものはない　　　　　　　（4.5%）芸能
（24.2%）音楽　　　　　　　　　　　　　　（4.3%）舞踊
（24.2%）美術　　　　　　　　　　　　　　（2.2%）メディア芸術（映画を除く）
（22.6%）歴史的な建物や遺跡　　　　　　　（0.2%）その他
（10.5%）演劇　　　　　　　　　　　　　　（0.3%）わからない

　また，同項目の「Q3」には「あなたは，この1年間で，美術館・博物
館に何回くらい行きましたか。」との問いがあり，その回答は次のよう
になっている。

（57.5%）行かなかった
（26.8%）1〜2回
（11.5%）3〜5回
（3.9%）6回以上
（0.3%）わからない

　「平成30年度調査」は平成31（2019）年2月15日から2月20日の間
に，「ウェブ・パネルを用いたインターネット・アンケート調査」とし
て実施され，全国18歳以上の日本国籍を有する者3,053人を標本数と

しており，「平成21年11月調査」は平成21（2009）年11月5日から11月15日の間に，「調査員による個別面接聴取法」として実施され，全国20歳以上の者3,000人を対象としている，その有効回収数は1,853人であった。

このような調査方法の違いや質問構成の違いなどから単純な比較はできないが，平成20年代の約10年間に，何らかの文化芸術鑑賞を行う人の数は増加し，中でも美術鑑賞は倍増していることになる。学習指導要領が示す「生活や社会の中の美術や美術文化」とは，美術作品や美術家のことを指しているだけではない。それらが存在する社会の構成員であるすべての市民の意識や行動を土台にした美術文化の全体状況を指している。美術や美術文化は，一握りの天才的作家や優れたデザイナーによって牽引されているのではない。まだ姿さえも見えない現代の人々が望み求めるものに対して，形や色彩を与え，実在化させる行為が美術であるとも言えるだろう。美術や美術文化の発展は大衆の意識の高まりにこそあり，我々の美術教育は文化の主体者となるべく子どもたちを育てることにその使命があるとも言える。それを「生活や社会の中の美術や美術文化と豊かに，幅広く，深くかかわる資質・能力」と読み替えることも可能である。

何より，我々は文化の主体者としての意識が市民の中に育ちつつある中で，平成29（2017）年3月及び平成30（2018）年3月告示学習指導要領による授業実践を展開していくことになる。

（大坪圭輔／武蔵野美術大学）

*註

1 ── この議論の土台として, 平成16 (2004) 年に文部科学省が提示した「キャリア教育の推進に関する総合的調査研究協力者会議報告書〜児童生徒一人一人の勤労観, 職業観を育てるために〜」の中の「4領域8能力(案)」がある。平成23 (2011) 年「今後の学校におけるキャリア教育・職業教育の在り方について(答申)」における4能力との関係性については, 以下のように整理されている。

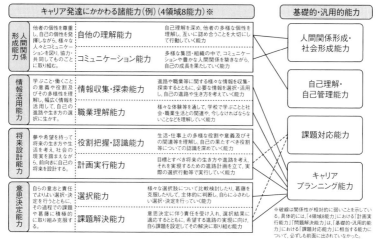

「キャリア発達にかかわる諸能力(例)」と「基礎的・汎用的能力」の対応関係

キャリア発達に関わる諸能力(例)」と「基礎的・汎用的能力」の対応関係 (2011年1月, 中央教育審議会「今後の学校におけるキャリア教育・職業教育の在り方について(答申)」資料編より)

2 ── 平成14 (2002) 年11月に内閣府が設置した「人間力戦略研究会」がまとめた報告書であり, サブタイトルは「若者に夢と目標を抱かせ, 意欲を高める〜信頼と連携の社会システム〜」となっている。また, その委員は次のような構成である(役職は当時のもの)。

市川伸一(座長)　東京大学教授
大久保幸夫　リクルートワークス研究所長
小杉礼子　日本労働研究機構副統括研究員
鈴木高弘　前東京都立足立新田高等学校長(中央工学校アクト情報ビジネス専門学校長)
関家憲一 (株) ディスコ代表取締役会長
中馬宏之　一橋大学イノベーション研究センター教授
奈須正裕　立教大学教授
本目精吾 (株) エリオニクス代表取締役社長
矢野眞和　東京大学／東京工業大学教授
山口真一　トヨタ自動車(株) グローバル人事部総括室長

3 ── 経済産業省が提示する「社会人基礎力」は, 3つの能力と12の能力要素からなっている。その内容は下記のようなものであるが, ここでも創造力が位置付けられている。

　□前に踏み出す力(Action)
　　一歩前に踏み出し, 失敗しても粘り強く取り組む力

主体性	物事に進んで取り組む力
働きかけ力	他人に働きかけ巻き込む力
実行力	目的を設定し確実に行動する力

□考え抜く力(Thinking)

疑問を持ち，考え抜く力	
課題発見力	現状を分析し目的や課題を明らかにする力
計画力	課題の解決に向けたプロセスを明らかにし準備する力
創造力	新しい価値を生み出す力

□チームで働く力(Teamwork)

多様な人々とともに，目標に向けて協力する力

発信力	自分の意見をわかりやすく伝える力
傾聴力	相手の意見を丁寧に聴く力
柔軟性	意見の違いや立場の違いを理解する力
情況把握力	自分と周囲の人々や物事との関係性を理解する力
規律性	社会のルールや人との約束を守る力
ストレスコントロール力	ストレスの発生源に対応する力

4 —— 日本では，河合塾が中心になって展開するPROG(Progress Report On Generic skills) がよく知られている。また，海外でも大学を中心とする教育機関に対するアセスメントテストは盛んになる傾向にあり，その先進国であるアメリカでは，大学の健全な運営を評価する団体やテスト開発団体などによって各種のアセスメントテストが，各大学等判断で展開されている。主たるものとして下記の3種が広く普及している。

CAAP(Collegiate Assessment of Academic Proficiency)
MAPP(Measure of Academic Proficiency and Progress)
CLA(Collegiate Learning Assessment)

5 —— 教育職員免許状の授与に必要な単位が修得できるよう「教育職員免許法」及び関係法令の定めるところの必要な科目等を設置した課程が教職課程であり，教職課程としての必要事項を満たしているかを審査することが課程認定である。平成30 (2018) 年の再課程認定は，教職小学校の外国語(英語)，ICT活用，特別支援教育の必修化などを受けて，約20年ぶりに実施されたものである。

6 —— 一例として「教育の基礎的理解に関する科目」について「コアカリキュラム」では，次の6事項が含まれていることを求めている。

・教育の理念並びに教育に関する歴史及び思想
・教職の意義及び教員の役割・職務内容(チーム学校運営への対応を含む。)
・教育に関する社会的，制度的又は経営的事項(学校と地域との連携及び学校安全への対応を含む。)
・幼児，児童及び生徒の心身の発達及び学習の過程
・特別の支援を必要とする幼児，児童及び生徒に対する理解
・教育課程の意義及び編成の方法(カリキュラム・マネジメントを含む。)

そのうち，「教育の理念並びに教育に関する歴史及び思想」については，次のような「全体目標」が提示されている。

　教育の基本的概念は何か，また，教育の理念にはどのようなものがあり，教育の歴史や思想において，それらがどのように現れてきたかについて学ぶとともに，これまでの教

育及び学校の営みがどのように捉えられ，変遷してきたのかを理解する。
　さらに，ここに含まれる「教育の基本的概念」「教育に関する歴史」「教育に関する思想」の3項目に対して，「一般目標」と「到達目標」が示されている。

教育の基本的概念
　　・一般目標：教育の基本的概念を身に付けるとともに，教育を成り立たせる諸要因と
　　　　　　　　それら相互の関係を理解する。
　　・到達目標：1) 教育学の諸概念並びに教育の本質及び目標を理解している。
　　　　　　　　2) 子供・教員・家庭・学校など教育を成り立たせる要素とそれらの相
　　　　　　　　　互関係を理解している。

7 ── 「平成20年告示小学校学習指導要領解説図画工作編」及び「平成29年告示小学校学習指導要領解説図画工作編」「平成20年告示中学校学習指導要領解説美術編」「平成29年告示中学校学習指導要領解説美術編」における「情操」についての解説はほぼ同じ文章であり，次のようになっている。「情操とは，美しいものや優れたものに接して感動する，情感豊かな心をいい，情緒などに比べて更に複雑な感情を指すものとされている。」また，「高等学校学習指導要領解説芸術編，音楽編，美術編」における解説も同様である。

8 ── ・公益社団法人日本美術教育連合(p.30 参照)
　　　・全国造形教育連盟(p.30 参照)
　　　・全国大学造形美術教育教員養成協議会
　　　　私立大学の美術科教員及び幼稚園教員，保育士養成の課程及びコースを設置している大学が機関加盟し，造形美術教育担当教員が中心となって活動している。加盟機関約360団体。
　　　・大学美術教育学会(p.30 参照)
　　　・日本教育大学協会全国美術部門
　　　　国立の教育大学が結成する日本教育大学協会に加盟する大学の中で，図画工作科や美術科に関する教員養成を担当する部署の集まりが全国美術部門であり，これを母体にして上記の大学美術教育学会が開催されている。会員数330名。
　　　・日本教育美術連盟
　　　　昭和24 (1949) 年に，大阪で開催された現職の図画工作，美術の教師の研究会を契機に設立された図画工作・美術教育研究団体であり，はじめは西日本教育美術連盟と称していた。現在は各府県市の美術教育研究会81団体が加盟する全国組織となっている。
　　　・日本美術教育学会
　　　　昭和26 (1951) 年に関西の美術教育研究者を中心にして設立された学術研究組織である。日本学術会議登録団体として毎年研究大会を開催している。会員約400名。
　　　・美術科教育学会(p.30 参照)
　　　以上，順不同。なお，要望書は参加団体のホームページから閲覧可能である。

9 ── 国立教育政策研究所研究成果アーカイブ
　　　https://www.nier.go.jp/kaihatsu/tokutei_zukou/index.htm
10 ── 国立教育政策研究所教育課程研究センター「学習指導要領実施状況調査」
　　　https://www.nier.go.jp/kaihatsu/cs_chosa.html
11 ── 文化庁「文化に関する世論調査の結果について」
　　　http://www.bunka.go.jp/tokei_hakusho_shuppan/tokeichosa/bunka_yoronchosa.html

第3節　新学習指導要領における美術教育

新学習指導要領改訂の趣旨

　平成 29（2017）年 3 月及び平成 30（2018）年 3 月告示学習指導要領の改訂に関する論議は，平成 26（2014）年 3 月の文部科学大臣の「初等中等教育における教育課程の基準等の在り方について」と題する中央教育審議会に対する諮問から始まる。その状況や背景については前節に示したが，本節では，具体的な教科等の目標や内容などの改訂の方針や項目を中心にして考察する。

　幼稚園教育要領解説，小学校学習指導要領解説 総則等各教科編，中学校学習指導要領解説 総則等各教科編，高等学校学習指導要領解説 総則等各教科編の最初には，「第 1 章 総説」「1 改訂の経緯及び基本方針」が各編に共通する文章として掲載されている[*1]。

　そこには今回の改訂の視座ともなっている我が国が厳しい挑戦の時代を迎えるとの予想が示されている。そして，具体的なキーワードとして「生産年齢人口の減少」「グローバル化の進展」「絶え間ない技術革新」，これらによる「社会構造や雇用環境の急速な変化」があげられ，「一人一人が持続可能な社会の担い手」として活躍することへの期待が述べられている。それらの中でも「人工知能（AI）の躍進的な進化」を特筆すべきものとして取り上げ，「雇用の在り方」や学校で獲得する「知識の意味の変化」がもたらされるとの予測と同時に，「思考の目的」「目的のよさ・正しさ・美しさ」を判断するのは「人間の最も大きな強み」であるとの認識も示している。

　これらは，「改訂の経緯」の説明として示されているが，具体的には平成 26（2014）年 3 月から始まった中央教育審議会での議論の経緯である。その結論として，平成 28（2016）年 12 月 21 日の中央教育審議会答申[*2]には，「2030 年の社会と子供たちの未来[*3]」が示されている。そ

こでは，さらに詳しくこれまでの学習指導要領が10年毎に改訂されてきたことを踏まえ，2020年から2030年の間の学びを支える新学習指導要領という位置づけと，学校教育の将来像を描くときの目標としての2030年頃の社会の在り方を見据えることが重要であるとしている。その内容を象徴的に表すのが「予測困難な時代に，一人一人が未来の創り手となる[*4]」という言葉である。

　そもそも明治5（1872）年の「学制」布告[*5]に始まる我が国の近代学校教育は，第二次世界大戦前は各種「教則大綱」や「学校令」などの教育法令によってその目的や内容が定められ，戦後は学習指導要領が学校教育の方針や内容を示してきた。特に昭和33（1958）年の学習指導要領告示からは，法的拘束性を持つものとして，教育課程の標準を提示してきた。これらを通して学校教育の歴史を振り返るならば，学校での学びは，各教科領域における普遍的なものと専門的なもの，そして時代の潮流に関わることのない不変的なものと，各時代の社会的要請に応じたものとで構成されてきたと言える。これらを「不易流行[*6]」と評する向きもあるが，その言葉の本来的な意味は「新しさを求めて絶えず変化する流行性にこそ，変わることのない不易の本質があり，不易と流行は根本において同一である。」というものであり，平成29（2017）年3月及び平成30（2018）年3月告示学習指導要領に関しては，いささか違った状況にある。

　昭和33（1958）年の学習指導要領告示から7回目になる今回の改訂では，まさしく「流行」が「流行」として捉えられ，「予測困難な時代」を生き抜くことを目的としており，学校教育そのものが社会の状況に応じて期待される成果を上げるべき存在であるとの認識の上に立っている。それはすなわち学校教育が重要な政策課題のひとつとしての性格を強く持つことになったとも言えるだろう。このことは，前述の学習指導要領解説の「第1章 総説」「1 改訂の経緯及び基本方針」に，中教審答申からの引用として，「よりよい学校教育を通じてよりよい社

会を創る」という目標を学校と社会が共有し，「社会に開かれた教育課程」の実現を目指すことが述べられていることからも明らかである。

　そして，同頁では改訂の基本方針を次の5項目に整理している。各項目を要約するならば，次のようになる。

①今回の改訂の基本的な考え方
　ア　未来社会を切り拓くための資質・能力とは何かを社会と共有し，「社会に開かれた教育課程」を重視する。
　イ　知識及び技能の習得と思考力，判断力，表現力等のバランスを重視，平成20年改訂学習指導要領の枠組みや内容を維持し，確かな学力を育成する。
　ウ　道徳教育，体験活動，体育・健康に関する指導の充実により，豊かな心や健やかな体を育成する。
②育成を目指す資質・能力の明確化
　「生きる力」をより具体化し，「何を理解しているか，何ができるか」「理解していること，できることをどう使うか」「どのように社会・世界と関わり，よりよい人生を送るか」の三つの柱に整理する。
③「主体的・対話的で深い学び」の実現に向けた授業改善の推進
　ア　これまでに取り組み蓄積されてきた実践を否定し，全く異なる指導方法を導入しなければならないと捉える必要はない。
　イ　「主体的な学び」「対話的な学び」「深い学び」の視点で授業改善を進める。
　ウ　各教科等の学習活動の質を向上させることが主眼である。
　エ　単元や題材など内容や時間のまとまりの中で，実現を図っていく。
　オ　教科等ならではの物事を捉える視点や考え方である「見方・考え方」を働かせることが重要になる。
　カ　基礎的・基本的な知識及び技能の確実な習得を図ることを重視

する。

④各学校におけるカリキュラム・マネジメントの推進

　学校全体として，児童生徒や学校，地域の実態を適切に把握し，教育の目的や目標の実現に必要な教育の内容等を教科等横断的な視点で組み立てていくこと。

⑤教育内容の主要な改善事項

　言語能力の確実な育成，理数教育の充実，伝統や文化に関する教育の充実，体験活動の充実，外国語教育の充実などを図った。

　このような改訂の基本的な考え方を総覧するならば，平成20（2008）年改訂学習指導要領を整理し，2030年に向けて強化すべき学習内容や指導の考え方を示していると理解することができる。特に，これまでの授業実践の蓄積を大切にしながら，それらを三つの柱で再構築することで，未来を切り拓くための資質・能力を育成するとの視点は，一人一人の教師がこれまでの授業を再考し，質を高めようとする姿勢を持つよう求めている。

各学校種及び美術関係教科等における改訂の趣旨

　ここからは，前述のような全体的な改訂の趣旨が，各学校種及び教科等においては具体的にどのようになっているかを見ていく。

○幼稚園教育要領表現

　幼稚園教育要領においては，全学校種の改訂における基本方針を受けて，「①幼稚園教育において育みたい資質・能力の明確化」「②小学校教育との円滑な接続」「③現代的な諸課題を踏まえた教育内容の見直し」に基づいて改訂がなされている。中でも，資質・能力の明確化では，今回の改訂の論理的支柱である三つの柱が，「知識及び技能の基礎」「思考力，判断力，表現力等の基礎」「学びに向かう力，人間性等」

が示されている。また，小学校との円滑な接続では，「幼児期の終わりまでに育ってほしい姿」として「健康な心と体」「自立心」「協同性」「道徳性・規範意識の芽生え」「社会生活との関わり」「思考力の芽生え」「自然との関わり・生命尊重」「数量・図形，標識や文字などへの関心・感覚」「言葉による伝え合い」「豊かな感性と表現」という具体的な項目が示されている。

　次に，「第2章　ねらい及び内容[*7]」のうち，「表現」では，豊かな感性を養う際に，「風の音や雨の音，身近にある草や花の形や色など自然の中にある音，形，色などに気付くようにすること」が「内容の取扱い」に加えられた。「表現」は，「感じたことや考えたことを自分なりに表現することを通して，豊かな感性や表現する力を養い，創造性を豊かにする。」と位置付けられる「感性と表現に関する領域」である。その「1　ねらい」には，「(1) いろいろなものの美しさなどに対する豊かな感性をもつ。」「(2) 感じたことや考えたことを自分なりに表現して楽しむ。」「(3) 生活の中でイメージを豊かにし，様々な表現を楽しむ。」が示されている。また，「内容」には「(1) 生活の中で様々な音，形，色，手触り，動きなどに気付いたり，感じたりするなどして楽しむ。」から，「(8) 自分のイメージを動きや言葉などで表現したり，演じて遊んだりするなどの楽しさを味わう。」項目まで，イメージの豊かさや動き，音楽に親しむこと，かいたりつくったりすることなど8つの事項が示されている。

　このような「表現」領域は，小学校の図画工作科や中学校美術科での学習へと続く内容であるだけでなく，人が自らを理解し，周りの人々や自然，環境を捉え，自身と他者や環境との関係を考えていく上での基礎となる感性を育む重要な領域である。全体として幼児の主体性をより一層重視することから遊びにおける活動の環境整備とともに，そこでの幼児の気づきや表現を受け止める指導者の姿勢を求めている。

　なお，本教育要領では扱われていないが，幼児教育では「非認知能

力」が，教育要領が示す様々な資質・能力の基盤をなすものとして注目されている。「非認知能力」とは，意欲，協調性，粘り強さ，忍耐力，計画性，自制心，創造性，コミュニケーション能力などのような数値データ等で測定・評価できない個人の特性を中心とする能力を意味しており，認知能力であるところの学力と比較されることが多い。また，「非認知能力」は学力とは違い，集団としての行動の中で養われるとされている。

○小学校図画工作科

　小学校における改訂の要点は，平成29（2017）年7月発表「小学校学習指導要領解説 総則編」に示されている。まず，「（1）学校教育法施行規則改正の要点」では，小学校第3・4学年に「外国語活動」を，第5・6学年に「外国語科」を新設することが示され，授業時数については，第3・4学年で新設する外国語活動に年間35単位時間，第5・6学年で新設する外国語科に年間70単位時間を充てることとし，年間総授業時数は第3学年から第6学年で年間35単位時間増加するとなっている。

　「（2）前文の趣旨及び要点」では，学習指導要領の理念を明確にし，社会で広く共有されるよう前文を設け，以下の事項が示されている。

①教育基本法に規定する教育の目的や目標の明記とこれからの学校に求められること
②「社会に開かれた教育課程」の実現を目指すこと
③学習指導要領を踏まえた創意工夫に基づく教育活動の充実

　特に①においては，学校教育の「不易」として，平成18（2006）年の教育基本法の改正により明確になった教育の目的及び目標を明記するとともに，一人一人の児童が自分のよさや可能性を認識できる自己肯定感を育むなど，持続可能な社会の創り手となることが求められている。

「（3）総則改正の要点」では，次の3項目が示されている。

①資質・能力の育成を目指す「主体的・対話的で深い学び」
②カリキュラム・マネジメントの充実
③児童の発達の支援，家庭や地域との連携・協働

この3項目は小学校及び中学校，高等学校で共通するものであるが，特に小学校では，情報手段の基本的な操作の習得やプログラミング教育が新たに設定されている。

このような小学校教育課程全体の改訂を受けて，図画工作科における改訂の要点は下記のようになっている。

①目標の改善
目標は，次のような視点を重視して改善を図る。

ア　教科の目標
・生活や社会の中の形や色などと豊かに関わる資質・能力の育成を一層重視することを示す。
・育成を目指す資質・能力を，「知識及び技能」，「思考力，判断力，表現力等」，「学びに向かう力，人間性等」の三つの柱で整理して示す。
・図画工作科の特質に応じた物事を捉える視点や考え方である「造形的な見方・考え方」を働かせることを示す。
・育成を目指す資質・能力の三つの柱のそれぞれに「創造」を位置付け，図画工作科の学習が造形的な創造活動を目指していることを示す。

イ　学年の目標
・育成を目指す資質・能力を，「知識及び技能」，「思考力，判断力，表現力等」，「学びに向かう力，人間性等」の三つの柱で整理して示す。

② 内容の改善
目標の改善に基づき内容を整理するとともに，次のような視点を重視して改善を図る。

ア　表現領域の改善
・「A 表現」の内容を「（1）表現の活動を通して，発想や構想に関する次の事項を身に付けることができるよう指導する。」，「（2）表現の活動を通して，技能に関する次の事項を身に付けることができるよう指導する。」とし，「思考力，判断力，表現力等」と「技能」の観点から整理して示す。その上で「造形遊びをする活動」と「絵や立体，工作に表す活動」の指導事項の違いを明確に示し，それぞれの活動を通して，「思考力，判断力，表現力等」や「技能」を身に付け

ることができるようにする。

イ　鑑賞領域の改善
・「B 鑑賞」を「(1) 鑑賞の活動を通して, 次の事項を身に付けることができるよう指導する。」として,「思考力, 判断力, 表現力等」の観点から整理して示す。
・第5学年及び第6学年の鑑賞の対象に「生活の中の造形」を位置付け, 生活を楽しく豊かにする形や色などについての学習を深めることができるようにする。

ウ　〔共通事項〕の改善
・表現及び鑑賞の活動において共通に必要となる資質・能力である〔共通事項〕を,「知識」と「思考力, 判断力, 表現力等」の観点から整理して示す。
・〔共通事項〕(1)「ア 自分の感覚や行為を基に, 形や色などの造形的な特徴を理解すること。」などを,「知識」として位置付ける。
・〔共通事項〕(1)「イ 形や色などの造形的な特徴を基に, 自分のイメージをもつこと。」などを,「思考力, 判断力, 表現力等」として位置付ける。

エ　「知識」についての配慮事項の明示
・内容の取扱いに,〔共通事項〕(1) アの指導に当たっての配慮事項を示す。

「小学校学習指導要領 (平成29年告示) 解説 図画工作編」p.7-8

　以上の「(2) 改訂の要点」には, 中学校美術科及び高等学校芸術科美術・工芸と共通する図画工作科が育成すべき資質・能力を「生活や社会の中の形や色などと豊かに関わる資質・能力」とし, これも共通する特質に応じた物事を捉える視点や考え方である「造形的な見方・考え方」を働かすことが示されている。この各教科や科目が育成する資質・能力と見方・考え方については, 本節において改めて取り上げる (p.80参照)。

　また, 小学校図画工作科の特性を示す部分としては,「A 表現」が「造形遊びをする活動」と「絵や立体, 工作に表す活動」の指導事項から成ることは従前と変わりないが,「B 鑑賞」においては, 第5学年及び第6学年の鑑賞の対象に「生活の中の造形」が位置付けられている。さらに,〔共通事項〕(1) アは「知識」となっているが,〔共通事項〕(1) イは「自分のイメージをもつこと」との内容から「思考力, 判断力, 表現力等」に位置付けられている点は,〔共通事項〕に示す内容はすべて

「知識」とする中学校美術科及び高等学校芸術科美術・工芸と大きく違う点である。このことは評価の観点においても差異があるので，次節で扱うことにする（p.88参照）。

　「知識」については，これまでの図画工作科や中学校美術科など関連する教科や科目にはなかった事項である。具体的には図画工作科の学習指導要領では〔共通事項〕(1) アが該当し，中学校美術科及び高等学校芸術科美術，工芸の学習指導要領では〔共通事項〕(1) アイが該当する。また，図画工作科の学習指導要領「第3 指導計画の作成と内容の取扱い」の「2 第2の内容の取扱いについては，次の事項に配慮するものとする。」には，次のような事項が各学年で扱う「知識」として示されている。

ア　第1学年及び第2学年においては，いろいろな形や色，触った感じなどを捉えること。
イ　第3学年及び第4学年においては，形の感じ，色の感じ，それらの組合せによる感じ，色の明るさなどを捉えること。
ウ　第5学年及び第6学年においては，動き，奥行き，バランス，色の鮮やかさなどを捉えること。

　このような「知識」は，次に示す中学校美術科での「知識」との関連で見ていく必要がある。

○中学校美術科
　中学校における改訂の要点は，平成29（2017）年7月発表の「中学校学習指導要領解説 総則編」に示されているが，小学校とほぼ同じ内容となっている。美術科における改訂の要点については下記のようになっている。

(2) 改訂の要点
①目標の改善
　目標は，次のような視点を重視して改善を図る。
　　教科の目標では，美術は何を学ぶ教科なのかということを明示し，感性や想像力を働かせ，造形的な視点を豊かにもち，生活や社会の中の美術や美術文化

と豊かに関わる資質・能力を育成することを一層重視する。そのため，育成を目指す資質・能力を明確にし，生徒の発達の段階や特性等を踏まえつつ，(1)「知識及び技能」，(2)「思考力，判断力，表現力等」，(3)「学びに向かう力，人間性等」の三つの柱で整理し，これらが実現できるよう以下のように目標を示した。

(1)「知識及び技能」については，造形的な視点を豊かにするために必要な知識と，表現における創造的に表す技能に関するもの。

(2)「思考力，判断力，表現力等」については，表現における発想や構想と，鑑賞における見方や感じ方などに関するもの。

(3)「学びに向かう力，人間性等」については，学習に主体的に取り組む態度や美術を愛好する心情，豊かな感性や情操などに関するもの。

　教科の目標では，これらの(1)，(2)，(3)を相互に関連させながら育成できるように整理した。

②内容の改善

　教科の目標の改善に基づき内容を整理するとともに，次のような視点を重視して改善を図る。

ア　表現領域の改善

　「A 表現」の内容を育成する資質・能力を一層明確にする観点から，「(1) 表現の活動を通して，次のとおり発想や構想に関する資質・能力を育成する。」，「(2) 表現の活動を通して，次のとおり技能に関する資質・能力を育成する。」とし，項目を発想や構想に関する資質・能力と技能に関する資質・能力の二つの観点から整理する。

　主体的で創造的な表現の学習を重視し，「A 表現」(1) において，「ア　感じ取ったことや考えたことなどを基にした発想や構想」及び「イ　目的や機能などを考えた発想や構想」の全ての事項に「主題を生み出すこと」を位置付け，表現の学習において，生徒自らが強く表したいことを心の中に思い描き，豊かに発想や構想をすることを重視して改善を図った。

イ　鑑賞領域の改善

　「B 鑑賞」の内容を，アの「美術作品など」に関する事項と，イの「美術の働きや美術文化」に関する事項に分けて示した。アの「美術作品など」に関する事項では，「A 表現」の絵や彫刻などの感じ取ったことや考えたことなどを基にした表現と，デザインや工芸などの目的や機能などを考えた表現との関連を図り，これら二つの視点から分けて示し，特に発想や構想に関する資質・能力と鑑賞に関する資質・能力とを総合的に働かせて「思考力，判断力，表現力等」を育成することを重視した。イの「美術の働きや美術文化」に関する事項では，生活や社会と文化は密接に関わっていることや，社会に開かれた教育課程を推進する観点などから，従前の生活を美しく豊かにする美術の働きに関する鑑賞と，美術文化に関する鑑賞を大きく一つにまとめた。

ウ　〔共通事項〕の改善

　感性や造形感覚などを高めていくことを一層重視し，〔共通事項〕を造形的な

視点を豊かにするために必要な知識として整理し，表現や鑑賞の学習に必要となる資質・能力を育成する観点から改善を行った。加えて「内容の取扱い」において，〔共通事項〕の指導に当たって，生徒が多様な視点から造形を豊かに捉え実感を伴いながら理解することができるように配慮事項を示した。

エ　各学年の内容の取扱いの新設
　第1学年，第2学年及び第3学年のそれぞれに各学年の内容の取扱いを新たに示し，発達の特性を考慮して，各学年においての学習内容や題材に配する時間数を十分検討するとともに，「思考力，判断力，表現力等」を高めるために，言語活動の充実を図るようにする。

「中学校学習指導要領（平成29年告示）解説美術編」p.6-8

　全体的な改訂の方向性は小学校と同じであるが，美術科が育成すべき資質・能力については，「感性や想像力を働かせ，造形的な視点を豊かにもち，生活や社会の中の美術や美術文化と豊かに関わる資質・能力」とし，小学校図画工作科における「生活や社会の中の形や色などと豊かに関わる資質・能力」を基に，「感性や想像力」「造形的な視点」「美術文化」などの事項を加え，教科としての専門性が一層明確に示されている。また，「表現領域の改善」では，「発想や構想に関する資質・能力」と「技能に関する資質・能力」から整理されるとともに，「A 表現」(1)「ア 感じ取ったことや考えたことなどを基にした発想や構想」及び「イ 目的や機能などを考えた発想や構想」において生徒自らが「主題を生み出すこと」が重視されていることは，新たな授業実践において一層留意する必要がある。

　さらに，小学校図画工作科における「〔共通事項〕(1)ア」が「知識」に位置付けられ，「〔共通事項〕(1)イ」は「思考力，判断力，表現力等」に位置付けられているのに対して，中学校美術科では「〔共通事項〕(1)ア」及び「同イ」のいずれも「知識」として位置付けられている。この「知識」の具体的な項目については，「第3 指導計画の作成と内容の取扱い」の「2 (1)ア」及び「同イ」に具体的整理されている。

　このような改善を通して，中学校美術科では「思考力，判断力，表現力等」を高めるために，言語活動の充実を図ることも求められている。

○高等学校芸術科美術及び工芸

　高等学校芸術科全体の改訂の要点としては次のように示されている。

2　芸術科改訂の要点

　高等学校芸術科は，以上のような改訂の具体的な方向性に基づき，改訂を行った。芸術科の主な改訂の要点は，次のとおりである。

(1) 目標の改善

　芸術科で育成を目指す資質・能力を「生活や社会の中の芸術や芸術文化と豊かに関わる資質・能力」と規定し，目標を (1)「知識及び技能」，(2)「思考力，判断力，表現力等」，(3)「学びに向かう力，人間性等」の三つの柱で整理して，これらが実現できるように示した。また，各科目の資質・能力の育成に当たっては，生徒が見方・考え方を働かせて学習活動に取り組めるようにすることを示した。

(2) 内容構成の改善

　教科の目標の改善に基づいて内容を整理し，指導内容を，各科目の特質に応じて，「知識」，「技能」，「思考力，判断力，表現力等」に関する事項で示した。

(3)〔共通事項〕の新設

　表現と鑑賞の学習に共通に必要となる資質・能力を各科目の特質に応じて整理し，〔共通事項〕として示した。

(4) 知的財産権に関する配慮事項の充実

　知的財産の保護と活用に関する配慮事項の内容を充実し，各科目において自己や他者の著作物や作品，創造性を尊重する態度の形成を図るとともに，こうした態度の形成が，それぞれの伝統や文化の継承，発展，創造を支えていることへの理解につながるよう配慮することを明示した。

「高等学校学習指導要領（平成30年告示）解説 芸術編 音楽編 美術編」p.7-8

　高等学校芸術科における改訂では，「三つの柱」による目標や内容構成の改善は，小学校及び中学校と大きく変わるものではないし，他教科科目においても同様である。その中で，特に注目すべきは〔共通事項〕の新設である。平成20（2008）年改訂告示の学習指導要領において，小学校音楽科，小学校図画工作科，中学校音楽科，中学校美術科において新設された〔共通事項[*8]〕は「A 表現」及び「B 鑑賞」において共通に必要となる資質や能力として示されたものであるが，平成21（2009）年の高等学校学習指導要領改訂では，導入されなかった。また，従前の〔共通事項〕は，教科で育む資質や能力を明らかにするものであ

り，直接的な指導事項ではなかったが，今回の改訂では，芸術科のすべての科目に新設され，美術Ⅰ，美術Ⅱ，美術Ⅲ及び工芸Ⅰ，工芸Ⅱ，工芸Ⅲの各科目では，中学校美術科と同様に，「知識」として位置付けられている。

　また，「知的財産権に関する配慮事項の充実」は，中学校での関連教科と比較しても，特に高等学校芸術科において強調されている事項である。社会的にも注目される「知的財産」に関する意識を育てることの必要性は従前より示されていたが，今回の改訂ではより一層重要な扱いが求められている。

　次に「各科目の改訂の要点」を見ていく。まず美術においては次のように示されている。

(2) 美術
ア　目標の改善
　（略：「芸術科改訂の要点」とほぼ同様の記述）

イ　内容の改善
　目標の改善に基づき内容を整理するとともに，次のような視点を重視して改善を図る。

　㋐表現領域の改善
　「A 表現」の内容を育成する資質・能力を一層明確にする観点から，「（1）絵画・彫刻」，「（2）デザイン」，「（3）映像メディア表現」の各分野における各事項を，発想や構想に関する資質・能力と技能に関する資質・能力の二つの観点から整理する。

　㋑鑑賞領域の改善
　「B 鑑賞」の内容を，アの「美術作品など」に関する事項と，イの「美術の働きや美術文化」に関する事項に分けて示した。アの「美術作品など」に関する事項では，「A 表現」の「（1）絵画・彫刻」，「（2）デザイン」，「（3）映像メディア表現」との関連を図り，特に発想や構想に関する資質・能力と鑑賞に関する資質・能力とを総合的に働かせて「思考力，判断力，表現力等」を育成することを重視した。イの「美術の働きや美術文化」に関する事項では，生活や社会と文化は密接に関わっていることや，社会に開かれた教育課程を推進する観点などから，従前の美術の働きに関する鑑賞と，美術文化に関する鑑賞を大きく一つにまとめた。

　㋒〔共通事項〕の新設
　感性や造形感覚などを高めていくことを一層重視し，表現や鑑賞の学習に共

通に必要となる資質・能力を育成する観点から，生徒が多様な視点から造形を
豊かに捉えることができるよう，造形的な視点を豊かにするために必要な知識
を〔共通事項〕として新設した。

(エ) 言語活動の充実

　「A 表現」及び「B 鑑賞」の指導に当たって，芸術科美術の特質に応じて，発
想や構想に関する資質・能力や鑑賞に関する資質・能力を育成する観点から，
〔共通事項〕に示す事項を視点に，アイデアスケッチなどで構想を練ったり，言
葉などで考えを整理したりすることや，作品について批評し合う活動などを取
り入れるようにするなどの言語活動の充実を図れるようにした。

(オ) 「美術III」の内容の充実

　従前，配慮事項において，「美術III」では「A 表現」の「(1) 絵画・彫刻」，「(2)
デザイン」，「(3) 映像メディア表現」及び「B 鑑賞」のいずれか一つ以上を選択
して扱うことができるとしていたが，内容の取扱いにおいて「生徒の特性，学校
や地域の実態を考慮し，内容の『A 表現』については (1)，(2) 又は (3) のうち
一つ以上を，『B 鑑賞』の (1) については，ア又はイのうち一つ以上を選択して
扱うことができる。また，内容の『A 表現』の (1) については，絵画と彫刻のい
ずれかを選択したり一体的に扱ったりすることができる。」と示し，「美術III」に
おいても「A 表現」と「B 鑑賞」の両領域の内容を必ず扱うこととした。これに
よって，「A 表現」及び「B 鑑賞」相互の関連を図り学習が深められるようにした。

「高等学校学習指導要領（平成30年告示）解説 芸術編 音楽編 美術編」p.10-11

　美術I及び美術II，美術IIIの各科目における各分野に変更はないが，
その内容については「三つの柱」の視点から整理されている。特に
「B 鑑賞」においては，「A 表現」の各分野との関連を図るとともに，
生活や社会と美術の関わりや美術文化に関する鑑賞が重視されている
点については，授業計画においても配慮すべき点である。また，前述
したように，〔共通事項〕の新設においては，これを「造形的な視点を
豊かにするために必要な知識」としている。また，その具体的な事項
としては，「高等学校学習指導要領（平成30年告示）解説 芸術編　音
楽編 美術編」の美術I「4 内容の取扱い (4)」の解説[*9]において，「中学
校学習指導要領，第2章，第6節美術」における〔共通事項〕と，「同，第
3 指導計画の作成と内容の取扱い」に示す〔共通事項〕の指導に関する
配慮事項を掲載し，その内容の扱いを踏まえた指導への十分な配慮を
求めている。

　さらに，言語活動においては，自分の考えを言葉で整理したり，作

品について批評し合ったりする活動などによって，学習の充実を図る
よう求めている。これは，美術Ⅲにおいても「A 表現」と「B 鑑賞」の
両領域の内容を必ず扱うこととし，二つの領域の関連によって学習の
深まりを目指す改善とも連動する。

　次に工芸における改訂の要点を見ていく。

(3) 工芸

ア　目標の改善
　（略：「芸術科改訂の要点」とほぼ同様の記述）

イ　内容の改善
　目標の改善に基づき内容を整理するとともに，次のような視点を重視して改
善を図る。

(ア) 表現領域の改善
　「A 表現」の内容を育成する資質・能力を一層明確にする観点から，「(1) 身
近な生活と工芸」，「(2) 社会と工芸」の各分野における各事項を，発想や構想に
関する資質・能力と技能に関する資質・能力の二つの観点から整理する。

(イ) 鑑賞領域の改善
　（略：美術とほぼ同様の記述）

(ウ) 〔共通事項〕の新設
　（略：美術とほぼ同様の記述）

(エ) 言語活動の充実
　（略：美術とほぼ同様の記述）

(オ) 「工芸Ⅲ」の内容の充実
　（略：美術とほぼ同様の記述）

「高等学校学習指導要領（平成 30 年告示）解説 芸術編 音楽編 美術編」p.11-12

　工芸Ⅰ及び工芸Ⅱ，工芸Ⅲにおける改訂の要点は，美術の各科目と
ほぼ同様の趣旨となっている。内容では，「(1) 身近な生活と工芸」と
「(2) 社会と工芸」の2分野から構成されている点は，従前のものと
変わりない。また，〔共通事項〕に関しては美術と同文となっており，
「知識」としての位置付けから，美術Ⅰと同様に工芸Ⅰ「4 内容の取扱
い (3)」に関する解説では，「中学校学習指導要領，第2章，第6節 美
術」における〔共通事項〕及び「第3 指導計画の作成と内容の取扱い」
に示す〔共通事項〕の指導に関する配慮事項を掲載し，その内容の扱い

を踏まえた指導への十分な配慮を求めている。

　さらに,「2 芸術科改訂の要点」の各項目のうち,「(4) 知的財産権に関する配慮事項の充実」受けて,「工芸Ⅰ,4内容の取扱い (8)」の解説では,工芸の独自性から,「材料や技法に関する特許権」「既存の製品のデザインやアイデアに関する意匠権・実用新案権」「ネーミングとしての商標権」などを示し,特段の配慮を求めている。

○高等学校美術科

　「高等学校学習指導要領,第3章 主として専門学科において開設される各教科,第12節 美術」(以下,美術科) における「美術科改訂の趣旨及び要点」は次のようになっている。

1 目標の改善

　教科の目標については,美術を専門に学習する生徒に対し,中学校美術科の発展として美術に関する専門的な内容を指導する教科であることから,「美術に関する専門的な学習を通して,造形的な見方・考え方を働かせ,美的体験を豊かにし,美術や美術文化と創造的に関わる資質・能力を次の通り育成することを目指す」と示し,(1)「知識及び技能」,(2)「思考力,判断力,表現力等」,(3)「学びに向かう力,人間性等」の三つの柱で整理し,これらが実現できるように示した。また,各科目の目標についても,教科の目標に応じて (1),(2),(3) の三つの柱で整理し,これらを相互に関連させながら育成できるように整理した。

2 科目の改善

　造形的な見方・考え方を働かせ,よりよい人生や社会の在り方を考え,問題を発見・解決し,新たな意味や価値を生み出す豊かな創造性の育成を目指して,従前,美術に関する学科において原則として全ての生徒に履修させる科目としていた「美術史」,「素描」及び「構成」に「美術概論」及び「鑑賞研究」を加えて再構成した。

原則として全ての生徒に履修させる科目	
改訂	従前
第1　美術概論	第2　美術史
第2　美術史	第3　素描
第3　鑑賞研究	第4　構成
第4　素描	
第5　構成	

3 指導計画の作成と内容の取扱いの改善

　「第3章 各科目にわたる指導計画の作成と内容の取扱い」において，「題材など内容や時間のまとまりを見通して，その中で育む資質・能力の育成に向けて，生徒の主体的・対話的で深い学びの実現を図るようにすること。その際，造形的な見方・考え方を働かせ，各科目の特質に応じた学習の充実を図ること。」及び「障害のある生徒などについては，学習活動を行う場合に生じる困難さに応じた指導内容や指導方法の工夫を計画的，組織的に行うこと。」を新たに明示した。

「高等学校学習指導要領（平成30年告示）解説 芸術編 音楽編 美術編」p.422

　今回の美術科の改訂における最も大きな改編は，「2科目の改善」に示されているように，必履修科目が従前の3科目に対して，2科目が増え，5科目となったことである。美術科における科目構成の変化を平成期間に限ってみると表1 (p.76) のようになる。

　特徴的な変化として，「映像」や「コンピュータ造形」が，「映像メディア表現」として再編され，さらに「映像メディアデザイン」と「映像表現」へと変化するように，メディアに関する技術や考え方が平成30年間に大きく変化し，その状況を踏まえた科目構成がその都度考えられてきた点があげられる。また，平成元（1989）年の改訂告示までは必履修科目であった「美術概論」が平成11（1999）年度改訂告示及び平成21（2009）年度改訂告示では選択科目となったが，今回の改訂では再び必履修科目となっている。

　これに加えて，平成11（1999）年改訂告示において新設された「鑑賞研究」が必履修科目となり，今回は5科目の必履修科目を中心とする科目構成となっている。この背景として，「2科目の改善」の解説文にも示されている「造形的な見方・考え方を働かせ，よりよい人生や社会の在り方を考え，問題を発見・解決し，新たな意味や価値を生み出す豊かな創造性の育成」は，造形美術による教育を担当する小学校図画工作科，中学校美術科，高等学校芸術科美術及び工芸，そしてこの高等学校美術科に課せられた社会的要請でもある。すなわち描くこと作ることなどの造形表現における技術的専門性と同時に，美術と社会

表1　平成期間の美術科における科目構成の変化（該当学習指導要領解説等を基に筆者作成）

高等学校学習指導要領													
平成元年3月告示	第1 美術概論	第2 美術史	第3 素描	第4 構成	第5 絵画	第6 版画	第7 彫刻	第8 ビジュアルデザイン	第9 クラフトデザイン	第10 図法・製図	第11 映像	第12 コンピュータ造形	第13 環境造形
平成11年3月告示	第1 美術概論	第2 美術史	第3 素描	第4 構成	第5 絵画	第6 版画	第7 彫刻	第8 ビジュアルデザイン	第9 クラフトデザイン	第10 映像メディア表現	第11 環境造形	第12 鑑賞研究	
平成21年3月告示	第1 美術概論	第2 美術史	第3 素描	第4 構成	第5 絵画	第6 版画	第7 彫刻	第8 ビジュアルデザイン	第9 クラフトデザイン	第10 映像メディアデザイン	第11 映像表現	第12 環境造形	第13 鑑賞研究
平成30年3月告示	第1 美術概論	第2 美術史	第3 鑑賞研究	第4 素描	第5 構成	第6 絵画	第7 版画	第8 彫刻	第9 ビジュアルデザイン	第10 クラフトデザイン	第11 映像メディアデザイン	第12 映像表現	第13 環境造形

※グレー部分は必履修科目，太枠は新設科目，矢印は内容の移動もしくは再構成

そして自分とのかかわりを考えることのできる学びを一層重視ししていると読み取ることができる。

　全国の高等学校がそれぞれの独自性を模索する中，単なる美術学科もしくは美術デザイン学科の高等学校というだけでは，もはや独自性とは言えない状況にあることも考えなければならない。また，その独自性を具体的に示すのは，「カリキュラム・マネジメント」の視点による教育課程の編成である。

○特別支援学校小学部図画工作・中学部美術

　今回の学習指導要領改訂全体を見渡すならば，最も大きな改編が示されたのは特別支援学校に関するものである。従前のものは，小学校及び中学校，高等学校の各学習指導要領を基に，それらを障害や特性に応じて特別支援学校独自の各教科などに関する学習指導要領として編纂されていた。

　例えば，平成20（2008）年4月告示の「特別支援学校学習指導要領，中学部美術」は次のようなものである。

第2節　中学部
第2款　知的障害者である生徒に対する教育を行う特別支援学校
第1　各教科の目標及び内容
［美術］
1　目標
　造形活動によって，表現及び鑑賞の能力を培い，豊かな情操を養う。
2　内容
（1）経験や想像をもとに，計画を立てて，絵をかいたり，作品をつくったり，それらを飾ったりする。
（2）いろいろな材料や用具などの扱い方を理解して使う。
（3）自然や造形品の美しさなどに親しみをもつ。
「特別支援学校小学部・中学部学習指導要領 平成20年4月告示」抜粋

　これに対して，今回の小学部図画工作科及び中学部美術科の改訂の要点は次のように示されている。

1 図画工作科の改訂の要点
(1) 目標の改訂の要点
　目標は，従前の「初歩的な造形活動によって，造形表現についての興味や関心をもち，表現の喜びを味わうようにする。」を改め，「表現及び鑑賞の活動を通して，造形的な見方・考え方を働かせ，生活や社会の中の形や色などと豊かに関わる資質・能力を次のとおり育成することを目指す。」として，次の三つの柱から整理して示している。

　「知識及び技能」として「（1）形や色などの造形的な視点に気付き，表したいことに合わせて材料や用具を使い，表し方を工夫してつくることができるようにする。」，「思考力，判断力，表現力等」として「（2）造形的なよさや美しさ，表したいことや表し方などについて考え，発想や構想をしたり，身の回りの作品などから自分の見方や感じ方を広げたりすることができるようにする。」，「学びに向かう力，人間性等」として「（3）つくりだす喜びを味わうとともに，感性を育み，楽しく豊かな生活を創造しようとする態度を養い，豊かな情操を培う。」に改めた。

　図画工作科で育成を目指す資質・能力である（1）から（3）は，相互に関連し合い，一体となって働く性質がある。目標の実現に当たっては，それぞれを相互に関連させながら資質・能力の育成を図る必要がある。

(2) 内容の改訂の要点
　内容は，従前の，「表現」，「材料・用具」，「鑑賞」の構成を，「A 表現」，「B 鑑賞」及び〔共通事項〕の構成に改めている。「A 表現」と「B 鑑賞」は，本来一体である内容の二つの側面として，図画工作科を大きく特徴付ける領域である。

　〔共通事項〕は，この二つの領域の活動において共通に必要となる資質・能力であり，指導事項として示している。今回の改訂では，「A 表現」，「B 鑑賞」及び〔共通事項〕とも，三つの柱に沿った資質・能力の整理を踏まえ，構成し直した。

(3) 指導計画の作成と内容の取扱いの要点
　指導計画の作成の配慮点として，児童の主体的・対話的で深い学びに向けた授業改善を行うことや他教科や特別活動等との関連を図り，総合的に活動することで，指導の効果を高めることなどを示している。

　内容の取扱いについては，造形活動において，材料や用具の安全な使い方について指導することや，活動場所を事前に点検するなどして，事故防止について徹底すること，学校や地域の実態に応じて，校外に児童の作品を展示する機会を設けることなどを示している。

　これらのことに留意しながら指導計画を作成していくことが重要である。

1 美術科の改訂の要点
(1) 目標の改訂の要点
　教科の目標は，小学部図画工作科における学習経験と，そこで培われた豊かな感性や，表現及び鑑賞に関する資質・能力などを基に，中学部美術科に関する資質・能力の向上と，それらを通した人間形成の一層の深化を図ることをねらいとし，高等部美術科への発展を視野に入れつつ，目指すべきところを総括

的に示したものである。

　従前の「造形活動によって，表現及び鑑賞の能力を培い，豊かな情操を養う。」を改め，目標に「表現及び鑑賞の活動を通して，造形的な見方・考え方を働かせ，生活や社会の中の美術や美術文化と豊かに関わる資質・能力を次のとおり育成することを目指す。」と示し，美術は何を学ぶ教科なのかを明確にするとともに，育成を目指す資質・能力を (1)「知識及び技能」，(2)「思考力，判断力，表現力等」，(3)「学びに向かう力，人間性等」の三つの柱で整理している。

　(1)「知識及び技能」では，「造形的な視点について理解し，表したいことに合わせて材料や用具を使い，表し方を工夫する技能を身に付けるようにする。」，(2)「思考力，判断力，表現力等」では，「造形的なよさや面白さ，美しさ，表したいことや表し方などについて考え，経験したことや材料などを基に，発想し構想するとともに，造形や作品などを鑑賞し，自分の見方や感じ方を深めることができるようにする。」，(3)「学びに向かう力，人間性等」では，「創造活動の喜びを味わい，美術を愛好する心情を育み，感性を豊かにし，心豊かな生活を営む態度を養い，豊かな情操を培う。」に改めた。目標の実現に当たっては，(1)，(2)，(3)を相互に関連させながら育成できるようにした。

(2) 内容の改訂の要点

　今回の改訂においては，目標を「知識及び技能」，「思考力，判断力，表現力等」，「学びに向かう力，人間性等」の三つの柱に位置付けて示しているが，内容についてもこれに対応して，資質・能力を相互に関連させながら育成できるよう整理した。そのため，従前の「表現」，「材料・用具」，「鑑賞」の内容構成を，「A 表現」及び「B 鑑賞」の二つの領域と〔共通事項〕の内容構成に改めている。「A 表現」は，生徒が進んで形や色彩，材料などに関わりながら，描いたりつくったりする活動を通して，「技能」や「思考力，判断力，表現力等」の育成を目指すものである。「B 鑑賞」は，生徒が自分の感覚や体験などを基に，自分たちの作品や美術作品などを見たり，自分の見方や感じ方を深めたりする活動を通して，「思考力，判断力，表現力等」の育成を目指すものである。〔共通事項〕は，アの事項が「知識」，イが「思考力，判断力，表現力等」の育成を目指すものである。〔共通事項〕は，表現及び鑑賞の学習において共通に必要となる資質・能力であり，「A 表現」及び「B 鑑賞」の指導を通して指導する事項として示している。

(3) 指導計画の作成と内容の取扱いの要点

　指導計画の作成の配慮点として，生徒や学校の実態，指導の内容に応じ，「主体的な学び」，「対話的な学び」，「深い学び」の視点から授業改善を図ることや，社会に開かれた教育課程の実現を図る観点から，地域の美術館を利用したり連携を図ったりすることなどを示している。

　内容の取扱いについては，材料や用具の安全な使い方や学習活動に伴う事故防止の徹底，映像メディアの活用，校外に生徒の作品を展示する機会を設けることを示している。

　これらのことに留意しながら指導計画を作成していくことが重要である。

　　　　　　　　「特別支援学校学習指導要領解説 各教科編（小学部・中学部）平成30年3月」p.185, p406

「（1）目標の改訂の要点」を見ると，小学校及び中学校の学習指導要領と同じく，三つの柱によって育成すべき資質・能力が整理されている。また，「（2）内容の改訂の要点」においては，従前の「表現」「材料・用具」「鑑賞」の内容構成が，図画工作科及び美術科ともに「A 表現」及び「B 鑑賞」の二つの領域と〔共通事項〕の内容構成に改められている。すなわち，障害や特性とはかかわりなく，それぞれの資質・能力を育成するための教科に関する指導という点では，小学校や中学校の学習指導要領とほぼ同様の趣旨を反映した目標や内容となっている。

留意すべき点として，中学部が「第1段階」と「第2段階」の構成となったことと，中学部美術科の〔共通事項〕の位置づけに関して，アの事項が「知識」，イが「思考力，判断力，表現力等」の育成を目指すものとされ，中学校美術科における〔共通事項〕が，ア及びイの事項ともに「知識」であることとの違いがある。

見方・考え方

今回の改訂では，各教科の本質的な意義を示す考え方として，「見方・考え方」が教科毎に統一的に示された。学習指導要領解説の各編に共通して掲載されている「第1章 総説，1 改訂の経緯及び基本方針，(2) 改訂の基本方針，③「主体的・対話的で深い学び」の実現に向けた授業改善の推進，オ」は，次のような文章となっている。

深い学びの鍵として「見方・考え方」を働かせることが重要になること。各教科等の「見方・考え方」は，「どのような視点で物事を捉え，どのような考え方で思考していくのか」というその教科等ならではの物事を捉える視点や考え方である。各教科等を学ぶ本質的な意義の中核をなすものであり，教科等の学習と社会をつなぐものであることから，児童生徒が学習や人生において「見方・考え方」を自在に働かせることができるようにすることにこそ，教師の専門性が発揮されることが求められること。

このような「見方・考え方」は，各教科等の学びにおける様々な活

動を通して育成すべき「資質・能力」と一体化している。例えば小学校図画工作科の「第1目標」の柱書は、「表現及び鑑賞の活動を通して、造形的な見方・考え方を働かせ、生活や社会の中の形や色などと豊かに関わる資質・能力を次の通り育成することを目指す。」となっており、その次に「知識及び技能」「思考力、判断力、表現力等」「学びに向かう力、人間性等」の三つの柱が示される形になっている。

　ここで、中学校の教科等における「見方・考え方」「活動」「資質・能力」を整理してみると表2 (p.82) のようになる。

　各教科の特性によって、文言の質や量に違いはあるが、全体の構成が統一されたことによって、教科間の理解が深まりやすくなったと言える。

　さらにここでは、小学校図画工作科及び中学校美術科、高等学校芸術科美術Iにおける「見方・考え方」及び「資質・能力」の解説について比較してみると、次の表3 (p.83) となる。

　小学校図画工作科から高等学校芸術科美術Ⅰまで、関連教科及び科目として、当然のことながら、その趣旨は一貫している。それぞれの解説の共通性などを基にまとめるならば、「造形的な見方・考え方」とは、「意味や価値をつくりだすこと」に集約されるし、「生活や社会の中の美術や美術文化（形や色）と関わる資質・能力」は、「自分との関わりの中で美術や美術文化を捉え、生活や社会と関わるための資質・能力」と把握することができる。すなわち、関係教科や科目のみならず、すべての美術教育は学習者の「私」が基本にあることを再確認する必要がある。

表2　中学校学習指導要領（平成29年告示）各教科等における「見方・考え方」「活動」「資質・能力」一覧（中学校学習指導要領を基に筆者作成）

教科等	見方・考え方	活動	資質・能力
国語	言葉による見方・考え方	言語活動	国語で正確に理解し適切に表現する資質・能力
社会	社会的な見方・考え方	課題を追究したり解決したりする活動	広い視野に立ち，グローバル化する国際社会に主体的に生きる平和で民主的な国家及び社会の形成者に必要な公民としての資質・能力
数学	数学的な見方・考え方	数学的活動	数学的に考える資質・能力
理科	自然の事物・現象に関わる理科の見方・考え方	見通しをもって観察，実験を行うことなど	自然の事物・現象を科学的に探究するために必要な資質・能力
音楽	音楽的な見方・考え方	表現及び鑑賞の幅広い活動	生活や社会の中の音や音楽，音楽文化と豊かに関わる資質・能力
美術	造形的な見方・考え方	表現及び鑑賞の幅広い活動	生活や社会の中の美術や美術文化と豊かに関わる資質・能力
保健体育	体育や保健の見方・考え方	課題を発見し，合理的な解決に向けた学習過程	心と体を一体として捉え，生涯にわたって心身の健康を保持増進し豊かなスポーツライフを実現するための資質・能力
技術・家庭	生活の営みに係る見方・考え方や技術の見方・考え方	生活や技術に関する実践的・体験的な活動	よりよい生活の実現や持続可能な社会の構築に向けて，生活を工夫し創造する資質・能力
外国語	外国語によるコミュニケーションにおける見方・考え方	外国語による聞くこと，読むこと，話すこと，書くことの言語活動	簡単な情報や考えなどを理解したり表現したり伝え合ったりするコミュニケーションを図る資質・能力
総合的な学習の時間	探究的な見方・考え方	横断的・総合的な学習	よりよく課題を解決し，自己の生き方を考えていくための資質・能力

※学習指導要領第2章各教科等より抜粋。理科は一部文言を他教科と揃えるために修正。

表3 小学校図画工作科, 中学校美術科, 高等学校芸術科美術Iにおける「見方・考え方」「資質・能力」の解説比較一覧
（小学校図画工作編, 中学校美術編, 高等学校芸術編の学習指導要領解説を基に筆者作成）

小学校 図画工作科	造形的な見方・考え方	感性や想像力を働かせ, 対象や事象を, 形や色などの造形的な視点で捉え, 自分のイメージをもちながら意味や価値をつくりだすこと
	生活や社会の中の形や色などと豊かに関わる資質・能力	図画工作科の学習活動において, 児童がつくりだす形や色, 作品などや, 家庭, 地域, 社会で出会う形や色, 作品, 造形, 美術などと豊かに関わる資質・能力
中学校 美術科	造形的な見方・考え方	美術科の特質に応じた物事を捉える視点や考え方として, 表現及び鑑賞の活動を通して, よさや美しさなどの価値や心情などを感じ取る力である感性や, 想像力を働かせ, 対象や事象を, 造形的な視点で捉え, 自分としての意味や価値をつくりだすこと
	生活や社会の中の美術や美術文化と豊かに関わる資質・能力	造形的な視点を豊かにもち, 生活や社会の中の形や色彩などの造形の要素に着目し, それらによるコミュニケーションを通して, 一人一人の生徒が自分との関わりの中で美術や美術文化を捉え, 生活や社会と豊かに関わることができるようにするための資質・能力
高等学校 芸術科 美術I	造形的な見方・考え方	美術の特質に応じた物事を捉える視点や考え方として, 表現及び鑑賞の活動を通して, 感性や美意識, 想像力を働かせ, 対象や事象を造形的な視点で捉え, 自分としての意味や価値をつくりだすこと
	生活や社会の中の美術や美術文化と幅広く関わる資質・能力	生徒一人一人が感性や美意識, 想像力を働かせ, 造形的な視点を豊かにもち, 自分との関わりの中で美術や美術文化を捉え, 生活や社会と幅広く関わることができるようにするための資質・能力

（大坪圭輔／武蔵野美術大学）

＊註

1 ── 特別支援学校幼稚部, 小学部, 中学部, 高等部学習指導要領解説総則等各編にも, 「総説」として同様の内容が掲載されているが, 項目立てや文章に違いがある。

2 ──「幼稚園, 小学校, 中学校, 高等学校及び特別支援学校の学習指導要領等の改善及び必要な方策等について(答申)」

3 ── 同上答申「第1部 学習指導要領改訂の基本的な方向性, 第2章」

4 ── 同上答申, p.9。

5 ── 明治5(1872)年8月2日太政官布告214号「学制布告書」, 同8月3日文部省布達13・14号「学制章程」をもって近代学校教育の法制度の始まりとする。「学制布告書」を「学事奨励に関する被仰出書(おおせいだされしょ)」とすることもある。

6 ── 松尾芭蕉が説く俳諧の理念のひとつ。

7 ── 「幼稚園教育要領」の「第2章ねらい及び内容」には，「健康」「人間関係」「環境」「言葉」「表現」の領域がある。

8 ── 「小学校学習指導要領解説 図画工作編 平成20年8月」における「図画工作科改訂の要点」及び「中学校学習指導要領解説 美術編 平成20年9月」における「美術科改訂の要点」には，〔共通事項〕新設について次のように示されている。

○「3 図画工作科改訂の要点，(2) 内容の改善」
ウ〔共通事項〕の新設
表現及び鑑賞の各活動において，共通に必要となる資質や能力を〔共通事項〕として示す。指導において，自分の感覚や活動を通して形や色，動きや奥行きなどの造形的な特徴をとらえ，これを基に自分のイメージをもつことが十分に行われるようにする。

○「3 美術科改訂の要点，(2) 内容の改善」
ウ〔共通事項〕の新設
表現及び鑑賞の各活動において，共通に必要となる資質や能力を〔共通事項〕として示す。〔共通事項〕は，「A 表現」及び「B 鑑賞」の学習を通して指導し，形や色彩，材料などの性質や，それらがもたらす感情を理解したり，対象のイメージをとらえたりするなどの資質や能力が十分育成されるようにする。

9 ── 「高等学校学習指導要領(平成30年告示)解説 芸術編 音楽編 美術編」美術I「4内容の取扱い，(4)」pp.137-138。

第4節　新たな評価の観点

指導要録

　指導要録は「学校教育法施行規則」に定められる公簿であるが，戦前からの学籍簿が昭和25（1950）年に指導要録となり，昭和55（1980）年からは，その「指導に関する記録」に観点別学習状況が記載さるようになった。指導要録の形式や記載する事項などは，評価に関する記載を中心にして，学習指導要領改訂のたびに改善通知等が出され変化してきた。特に，平成元（1989）年の学習指導要領改訂を受けた平成3（1991）年の指導要録改善通知では，観点ごとの達成度を評定する観点別学習状況が評定の前に位置付けられ，観点の最初に「関心・意欲・態度」が設定された。さらに，平成10（1998）年の学習指導要領を受けた平成13（2001）年の指導要録改善通知では，従前の学級又は学年における位置付けを評価する相対評価から，観点別学習状況による達成度を総括的に評価する絶対評価へと移行されている。

　今回の指導要録改善通知は，平成31（2019）年1月の中央教育審議会 初等中等教育分科会 教育課程部会による「児童生徒の学習評価の在り方について（報告）」を受けて，同年3月の「小学校，中学校，高等学校及び特別支援学校等における児童生徒の学習評価及び指導要録の改善等について（通知）」による。

　指導要録の記載事項は，「〔1〕学籍に関する記録」と「〔2〕指導に関する記録」からなるが，今回の改善点は，小学校の教育課程における「外国語活動」や小中学校の教育課程における「特別の教科道徳」の導入，高等学校の指導要録における「各教科・科目の観点別学習状況」の記載など，特に「〔2〕指導に関する記録」に記載すべき事項についての改善がなされた。

　これらのうち，ここでは授業における評価と直接的に繋がりのある

「1 各教科の学習の記録」（高等学校の場合は「1 各教科・科目等の学習の記録」）を中心的に見ていく。

　前述の平成31（2019）年3月の「小学校，中学校，高等学校及び特別支援学校等における児童生徒の学習評価及び指導要録の改善等について（通知）」から各学校種における「(1) 観点別学習状況」と「(2) 評定」の記載に関する記述を抜粋すると，次のようになる。

○小学校及び特別支援学校小学部の指導要録
〔2〕指導に関する記録

1 各教科の学習の記録

(1) 観点別学習状況（抜粋）
　小学校学習指導要領（平成29年告示）及び特別支援学校小学部・中学部学習指導要領（平成29年告示）に示す各教科の目標に照らして，その実現状況を観点ごとに評価し記入する。その際，「十分満足できる」状況と判断されるものをA，「おおむね満足できる」状況と判断されるものをB，「努力を要する」状況と判断されるものをCのように区別して評価を記入する。

(2) 評定（抜粋）
　評定については，第3学年以上の各学年の各教科の学習の状況について，小学校学習指導要領等に示す各教科の目標に照らして，その実現状況を総括的に評価し記入する。

　各教科の評定は，小学校学習指導要領等に示す各教科の目標に照らして，その実現状況を「十分満足できる」状況と判断されるものを3，「おおむね満足できる」状況と判断されるものを2，「努力を要する」状況と判断されるものを1のように区別して評価を記入する。

　評定に当たっては，評定は各教科の学習の状況を総括的に評価するものであり，「(1) 観点別学習状況」において掲げられた観点は，分析的な評価を行うものとして，各教科の評定を行う場合において基本的な要素となるものであることに十分留意する。その際，評定の適切な決定方法等については，各学校において定める。

○中学校及び特別支援学校中学部の指導要録
〔2〕指導に関する記録

1 各教科の学習の記録

(1) 観点別学習状況（抜粋）
　中学校学習指導要領（平成29年告示）及び特別支援学校小学部・中学部学習指導要領（平成29年告示）に示す各教科の目標に照らして，その実現状況を観点ごとに評価し記入する。その際，「十分満足できる」状況と判断されるものを

A.「おおむね満足できる」状況と判断されるものをB,「努力を要する」状況と判断されるものをCのように区別して評価を記入する。

(2) 評定（抜粋）

　　必修教科の評定は，中学校学習指導要領等に示す各教科の目標に照らして，その実現状況を「十分満足できるもののうち，特に程度が高い」状況と判断されるものを5,「十分満足できる」状況と判断されるものを4,「おおむね満足できる」状況と判断されるものを3,「努力を要する」状況と判断されるものを2,「一層努力を要する」状況と判断されるものを1のように区別して評価を記入する。

　　選択教科を実施する場合は，各学校が評定の段階を決定し記入する。

　　評定に当たっては，評定は各教科の学習の状況を総括的に評価するものであり，「(1) 観点別学習状況」において掲げられた観点は，分析的な評価を行うものとして，各教科の評定を行う場合において基本的な要素となるものであることに十分留意する。その際，評定の適切な決定方法等については，各学校において定める。

○高等学校及び特別支援学校高等部の指導要録
〔2〕指導に関する記録
1　各教科・科目等の学習の記録
(1) 各教科・科目の観点別学習状況（抜粋）

　　高等学校学習指導要領（平成30年告示）及び特別支援学校高等部学習指導要領（平成31年告示）に示す各教科・科目の目標に基づき，学校が生徒や地域の実態に即して定めた当該教科・科目の目標や内容に照らして，その実現状況を観点ごとに評価し記入する。その際，「十分満足できる」状況と判断されるものをA,「おおむね満足できる」状況と判断されるものをB,「努力を要する」状況と判断されるものをCのように区別して評価を記入する[1]。

(2) 各教科・科目の評定（抜粋）

　　各教科・科目の評定については，高等学校学習指導要領等に示す各教科・科目の目標に基づき，学校が生徒や地域の実態に即して定めた当該教科・科目の目標や内容に照らし，その実現状況を総括的に評価して，「十分満足できるもののうち，特に程度が高い」状況と判断されるものを5,「十分満足できる」状況と判断されるものを4,「おおむね満足できる」状況と判断されるものを3,「努力を要する」状況と判断されるものを2,「努力を要すると判断されるもののうち，特に程度が低い」状況と判断されるものを1のように区別して評価を記入する。

　　評定に当たっては，評定は各教科・科目の学習の状況を総括的に評価するものであり，「(1) 観点別学習状況」において掲げられた観点は，分析的な評価を行うものとして，各教科・科目の評定を行う場合において基本的な要素となるものであることに十分留意する。その際，評定の適切な決定方法等については，各学校において定める。

　　各学校種の「観点別学習状況」と「評定」の関係において，共通して示されているのは，「観点別学習状況において掲げられた観点は，分析

的な評価を行うものとして，各教科・科目の評定を行う場合において基本的な要素となる」との説明である。すなわち「観点別学習状況」こそが各教科（高等学校の場合は「各教科・科目」）における評価の中心であり，3段階もしくは5段階で示す「評定」は，各観点の評価の総括的な性格を持っている。したがって，毎題材，毎単元ごとに指導目標に応じて設定される評価規準による評価こそが評価の本質であり，指導要録に記載される「各教科・科目等の学習の記録」の土台となるものである。このような評価に関する考え方については，本通知の基となった平成31（2019）年1月の中央教育審議会 初等中等教育分科会 教育課程部会による「児童生徒の学習評価の在り方について（報告）」を見ていく必要がある。

学習評価の在り方

　「児童生徒の学習評価の在り方について（報告）」では，「学習評価についての基本的な考え方」を次の4項目に集約している。

（1）カリキュラム・マネジメントの一環としての指導と評価
（2）主体的・対話的で深い学びの視点からの授業改善と評価
（3）学習評価について指摘されている課題
（4）学習評価の改善の基本的な方向性

　中でも，「（3）学習評価について指摘されている課題」については，各方面からの聞き取りを基に，下記のような学校における実際的・具体的な課題を指摘している。

・学期末や学年末などの事後での評価に終始してしまうことが多く，評価の結果が児童生徒の具体的な学習改善につながっていない
・現行の「関心・意欲・態度」の観点について，挙手の回数や毎時間ノートを取っているかなど，性格や行動面の傾向が一時的に表出された場面を捉える評価であるような誤解が払拭し切れていない
・教師によって評価の方針が異なり，学習改善につなげにくい

・教師が評価のための「記録」に労力を割かれて，指導に注力できない
・相当な労力をかけて記述した指導要録が，次学年や次学校段階において十分に活用されていない

　これらの課題を受けて，「（4）学習評価の改善の基本的な方向性」では次の三点を示している。

①児童生徒の学習改善につながるものにしていくこと
②教師の指導改善につながるものにしていくこと
③これまで慣行として行われてきたことでも，必要性・妥当性が認められないものは見直していくこと

　このような改善の方向性から，従前の評価の取扱いや平成28（2016）年12月の中央教育審議会答申における新学習指導要領の趣旨を踏まえて，本報告では，図1に示す「各教科における評価の基本構造」が提示されている。

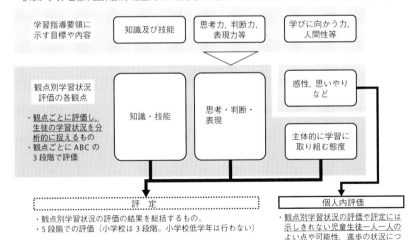

図1　各教科における評価の基本構造
（中央教育審議会「児童生徒の学習評価の在り方について（報告）」2019年1月）

本図において留意すべき点としては，平成29（2017）年及び平成30（2018）年告示の学習指導要領において，小学校及び中学校，高等学校，特別支援学校のすべての教科・科目の目標や内容が，いわゆる「三つの柱」によって共通する構成となったことを受け，その「観点別学習状況」における「評価の観点」も共通する三観点となったことである。

　これは，今回の学習指導要領改訂の基本となる平成28（2016）年12月の中央教育審議会答申「幼稚園，小学校，中学校，高等学校及び特別支援学校の学習指導要領等の改善及び必要な方策等について」において，「観点別評価については，目標に準拠した評価の実質化や，教科・校種を超えた共通理解に基づく組織的な取組を促す観点から，小・中・高等学校の各教科を通じて，『知識・技能』『思考・判断・表現』『主体的に学習に取り組む態度』の三観点に整理することとし，指導要録の様式を改善することが必要[*2]」との考え方によるものである。

　具体的には目標及び内容の「知識及び技能」が，観点別学習状況評価の観点では，「知識・技能」となり，「思考力，判断力，表現力等」は「思考・判断・表現」「学びに向かう力，人間性等」は「主体的に学習に取り組む態度」となっている。ただし，最後の「学びに向かう力，人間性等」はその性格から，他の「知識・技能」や「思考・判断・表現」と同じように，児童生徒の学習状況を分析的に捉えてA, B, Cの三段階で評価する「主体的に学習に取り組む態度」と，「感性，思いやりなど」の部分を「個人内評価」として扱うものとに分かれている。「個人内評価」は「特別の教科 道徳」においても用いることが示されているもので，児童生徒のよい点や可能性，進捗の状況などについて文章などで示すものである。したがって「感性，思いやりなど」は，各観点のA, B, Cの三段階評定の総括としての五段階（小学校は三段階，小学校低学年は行わない）による評定には加味されないことになる。

　また，本報告では観点別学習状況評価における各観点の基本的な考え方を示している。その概要は次のようなものである。

○「知識・技能」の評価について

　各教科等における学習の過程を通した知識及び技能の習得状況について評価を行うとともに，それらを既有の知識及び技能と関連付けたり活用したりする中で，他の学習や生活の場面でも活用できる程度に概念等を理解したり，技能を習得したりしているかについて評価する。

　また，新しい学習指導要領に示された知識及び技能に関わる目標や内容の規定を踏まえ，各教科等の特質[*3]に応じた評価方法の工夫改善を進めることが重要である。

　具体的な評価方法としては，ペーパーテストにおいて，事実的な知識の習得を問う問題と，知識の概念的な理解を問う問題とのバランスに配慮するとともに，文章による説明をしたり観察・実験をしたり，式やグラフで表現したりするなど実際に知識や技能を用いる場面を設ける。

○「思考・判断・表現」の評価について

　各教科等の知識及び技能を活用して課題を解決するために必要な思考力，判断力，表現力等を身に付けているかどうかを評価する。新学習指導要領に示された，各教科等における思考力，判断力，表現力等に関わる目標や内容の規定を踏まえ，各教科等の特質に応じた評価方法の工夫改善を進めることが重要である。

　具体的な評価方法としては，ペーパーテストのみならず，論述やレポートの作成，発表，グループでの話合い，作品の制作や表現等の多様な活動を取り入れたり，それらを集めたポートフォリオを活用したりするなど評価方法を工夫する。

○「主体的に学習に取り組む態度」の評価について

　「学びに向かう力，人間性等」には，「主体的に学習に取り組む態度」として観点別評価を通じて見取ることができる部分と，観点別評価や評定にはなじまず，個人内評価を通じて見取る部分があることに留意する必要がある。また，「学びに向かう力，人間性等」の涵養を図ることは，生涯にわたり学習する基盤を形成する上でも極めて重要であり，自己の感情や行動を統制する能力，自らの思考の過程等を客観的に捉える力（いわゆるメタ認知）など，学習に関する自己調整にかかわるスキルなどが重視されていることにも留意する必要がある。

　これらのことから，「主体的に学習に取り組む態度」の評価に際しては，性格や行動面の傾向を評価するということではなく，知識及び技能を獲得したり，思考力，判断力，表現力等を身に付けたりするために，自らの学習状況を把握し，学習の進め方について試行錯誤するなど自らの学習を調整しながら，学ぼうとしているかどうかという意思的な側面を評価する。具体的には，①知識及び技能を獲得したり，思考力，判断力，表現力等を身に付けたりすることに向けた粘り強い取組を行おうとする側面と，②①の粘り強い取組を行う中で，自らの学習を調整しようとする側面，という二つの側面を評価することが求められる。このような考え方に基づき評価を行った場合には，例えば，①の「粘り強い取組を行おうとする側面」が十分に認められたとしても，②の「自らの学習を調整しようとしている側面」が認められない場合には，「主体的に学習に取り組

む態度」の評価としては，基本的に「十分満足できる」(A) とは評価されないことになる。

　「主体的に学習に取り組む態度」の具体的な評価の方法としては，ノートやレポート等における記述，授業中の発言，教師による行動観察や，児童生徒による自己評価や相互評価等の状況などが考えられる。また，児童自ら目標を立てるなど学習を調整する姿が顕著にみられるようになるのは，一般に抽象的な思考力が高まる小学校高学年以降からであるとの指摘もあり，児童自ら学習を調整する姿を見取ることが困難な場合もあり得る。このため，各教科等の「主体的に学習に取り組む態度」の評価の観点の趣旨の作成等に当たって，児童の発達の段階や各教科等の特質を踏まえて柔軟な対応が可能となるよう工夫するとともに，特に小学校低学年・中学年段階では，学習の目標を教師が「めあて」などの形で適切に提示し，その「めあて」に向かって自分なりに様々な工夫を行おうとしているかを評価することや，他の児童との対話を通して自らの考えを修正したり，立場を明確にして話していたりする点を評価するなど，児童の学習状況を適切に把握するための学習評価の工夫の取組例を示すことが求められる。

　それぞれの観点別学習状況の評価を行っていく上では，児童生徒の学習状況を適切に評価することができるよう授業デザインを考えていくことは不可欠である。特に，「主体的に学習に取り組む態度」の評価に当たっては，児童生徒が自らの理解の状況を振り返ることができるような発問の工夫をしたり，自らの考えを記述したり話し合ったりする場面，他者との協働を通じて自らの考えを相対化する場面を単元や題材などの内容のまとまりの中で設けたりするなど，適切に評価できるようにしていくことが重要である。

評価の観点の趣旨

　ここまで，平成31（2019）年1月の中央教育審議会 初等中等教育分科会 教育課程部会による「児童生徒の学習評価の在り方について（報告）」を基に新しい学習評価の在り方を示したが，それを受けた同年3月の「小学校，中学校，高等学校及び特別支援学校等における児童生徒の学習評価及び指導要録の改善等について（通知）」には，「各教科等・各学年等の評価の観点等及びその趣旨」が掲載されている。その内，図画工作や美術など関係教科・科目については以下の通りである。

〈小学校　図画工作〉評価の観点及びその趣旨

観点	知識・技能	思考・判断・表現	主体的に学習に取り組む態度
趣旨	・対象や事象を捉える造形的な視点について自分の感覚や行為を通して理解している。 ・材料や用具を使い，表し方などを工夫して，創造的につくったり表したりしている。	形や色などの造形的な特徴を基に，自分のイメージをもちながら，造形的なよさや美しさ，表したいこと，表し方などについて考えるとともに，創造的に発想や構想をしたり，作品などに対する自分の見方や感じ方を深めたりしている。	つくりだす喜びを味わい主体的に表現及び鑑賞の学習活動に取り組もうとしている。

〈小学校　図画工作〉学年別の評価の観点の趣旨

観点　　学年	知識・技能	思考・判断・表現	主体的に学習に取り組む態度
第1学年及び第2学年	・対象や事象を捉える造形的な視点について自分の感覚や行為を通して気付いている。 ・手や体全体の感覚などを働かせ材料や用具を使い，表し方などを工夫し，創造的につくったり表したりしている。	形や色などを基に，自分のイメージをもちながら，造形的な面白さや楽しさ，表したいこと，表し方などについて考えるとともに，楽しく発想や構想をしたり，身の回りの作品などから自分の見方や感じ方を広げたりしている。	つくりだす喜びを味わい楽しく表現したり鑑賞したりする学習活動に取り組もうとしている。

観点　　学年	知識・技能	思考・判断・表現	主体的に学習に取り組む態度
第3学年及び第4学年	・対象や事象を捉える造形的な視点について自分の感覚や行為を通して分かっている。 ・手や体全体を十分に働かせ材料や用具を使い，表し方などを工夫して，創造的につくったり表したりしている。	形や色などの感じを基に，自分のイメージをもちながら，造形的なよさや面白さ，表したいこと，表し方などについて考えるとともに，豊かに発想や構想をしたり，身近にある作品などから自分の見方や感じ方を広げたりしている。	つくりだす喜びを味わい進んで表現したり鑑賞したりする学習活動に取り組もうとしている。

観点　　学年	知識・技能	思考・判断・表現	主体的に学習に取り組む態度
第5学年及び第6学年	・対象や事象を捉える造形的な視点について自分の感覚や行為を通して理解している。 ・材料や用具を活用し，表し方などを工夫して，創造的につくったり表したりしている。	形や色などの造形的な特徴を基に，自分のイメージをもちながら，造形的なよさや美しさ，表したいこと，表し方などについて考えるとともに，創造的に発想や構想をしたり，親しみのある作品などから自分の見方や感じ方を深めたりしている。	つくりだす喜びを味わい主体的に表現したり鑑賞したりする学習活動に取り組もうとしている。

〈中学校 美術〉評価の観点及びその趣旨

観点	知識・技能	思考・判断・表現	主体的に学習に取り組む態度
趣旨	・対象や事象を捉える造形的な視点について理解している。 ・表現方法を創意工夫し,創造的に表している。	造形的なよさや美しさ,表現の意図と工夫,美術の働きなどについて考えるとともに,主題を生み出し豊かに発想し構想を練ったり,美術や美術文化に対する見方や感じ方を深めたりしている。	美術の創造活動の喜びを味わい主体的に表現及び鑑賞の幅広い学習活動に取り組もうとしている。

〈中学校 美術〉学年別の評価の観点の趣旨

観点 学年	知識・技能	思考・判断・表現	主体的に学習に取り組む態度
第1学年	・対象や事象を捉える造形的な視点について理解している。 ・意図に応じて表現方法を工夫して表している。	自然の造形や美術作品などの造形的なよさや美しさ,表現の意図と工夫,機能性と美しさとの調和,美術の働きなどについて考えるとともに,主題を生み出し豊かに発想し構想を練ったり,美術や美術文化に対する見方や感じ方を広げたりしている。	美術の創造活動の喜びを味わい楽しく表現及び鑑賞の学習活動に取り組もうとしている。

観点 学年	知識・技能	思考・判断・表現	主体的に学習に取り組む態度
第2学年及び第3学年	・対象や事象を捉える造形的な視点について理解している。 ・意図に応じて自分の表現方法を追求し,創造的に表している。	自然の造形や美術作品などの造形的なよさや美しさ,表現の意図と創造的な工夫,機能性と洗練された美しさとの調和,美術の働きなどについて独創的・総合的に考えるとともに,主題を生み出し豊かに発想し構想を練ったり,美術や美術文化に対する見方や感じ方を深めたりしている。	美術の創造活動の喜びを味わい主体的に表現及び鑑賞の学習活動に取り組もうとしている。

〈高等学校 芸術科 美術〉評価の観点及びその趣旨

観点	知識・技能	思考・判断・表現	主体的に学習に取り組む態度
趣旨	・対象や事象を捉える造形的な視点について理解を深めている。 ・創造的な美術の表現をするために必要な技能を身に付け,意図に応じて表現方法を創意工夫し,表している。	造形的なよさや美しさ,表現の意図と創造的な工夫,美術の働きなどについて考えるとともに,主題を生成し発想や構想を練ったり,美術や美術文化に対する見方や感じ方を深めたりしている。	美術や美術文化と豊かに関わり主体的に表現及び鑑賞の創造活動に取り組もうとしている。

〈高等学校 芸術科 工芸〉評価の観点及びその趣旨

観点	知識・技能	思考・判断・表現	主体的に学習に 取り組む態度
趣旨	・対象や事象を捉える造形的な視点について理解を深めている。 ・創造的な工芸の制作をするために必要な技能を身に付け,意図に応じて制作方法を創意工夫し,表している。	造形的なよさや美しさ,表現の意図と創意工夫,工芸の働きなどについて考えるとともに,思いや願いなどから発想や構想を練ったり,工芸や工芸の伝統と文化に対する見方や感じ方を深めたりしている。	工芸や工芸の伝統と文化と豊かに関わり主体的に表現及び鑑賞の創造活動に取り組もうとしている。

〈高等学校 主として専門学科において開設される各教科・科目 美術〉評価の観点及び趣旨

観点	知識・技能	思考・判断・表現	主体的に学習に 取り組む態度
趣旨	美術に関する専門的で幅広く多様な内容について理解を深めているとともに,独創的・創造的に表している。	美術に関する専門的な知識や技能を総合的に働かせ,創造的に思考,判断し,表現している。	主体的に美術に関する専門的な学習に取り組もうとしている。

〈特別支援学校(知的障害)小学部 図画工作〉評価の観点及びその趣旨

観点	知識・技能	思考・判断・表現	主体的に学習に 取り組む態度
趣旨	・形や色などの造形的な視点に気付いている。 ・表したいことに合わせて材料や用具を使い,表し方を工夫してつくっている。	形や色などを基に,自分のイメージをもちながら,造形的なよさや美しさ,表したいことや表し方などについて考えるとともに,発想や構想をしたり,身の回りの作品などから自分の見方や感じ方を広げたりしている。	つくりだす喜びを味わい主体的に表現及び鑑賞の学習活動に取り組もうとしている。

〈特別支援学校(知的障害)中学部 美術〉評価の観点及びその趣旨

観点	知識・技能	思考・判断・表現	主体的に学習に 取り組む態度
趣旨	・造形的な視点について理解している。 ・表したいことに合わせて材料や用具を使い,表し方を工夫する技能を身に付けている。	造形的な特徴などからイメージを捉えながら,造形的なよさや面白さ,美しさ,表したいことや表し方などについて考えるとともに,経験したことや材料などを基に,発想し構想したり,造形や作品などを鑑賞し,自分の見方や感じ方を深めたりしている。	創造活動の喜びを味わい主体的に表現及び鑑賞の学習活動に取り組もうとしている。

〈特別支援学校（知的障害）高等部 美術〉評価の観点及びその趣旨

観点	知識・技能	思考・判断・表現	主体的に学習に取り組む態度
趣旨	・造形的な視点について理解している。 ・表現方法を創意工夫し，創造的に表している。	造形的なよさや美しさ，表現の意図と工夫などについて考えるとともに，主題を生み出し豊かに発想し構想を練ったり，美術や美術文化などに対する見方や感じ方を深めたりしている。	美術の創造活動の喜びを味わい主体的に表現及び鑑賞の幅広い学習活動に取り組もうとしている。

評価規準の設定

　このような趣旨を反映した年間指導計画や学習指導案では，実際に観点別学習状況評価の評価規準[*4]を設定していくことになる。今回の学習指導要領改訂において，各教科・科目の目標及び内容が三つの柱「知識及び技能」「思考力，判断力，表現力等」「学びに向かう力，人間性等」によって整理され，目標に準拠した評価として観点別学習状況の観点が「知識・技能」「思考・判断・表現」「主体的に学習に取り組む態度」となったことにより，題材や単元毎に指導者が設定する指導目標及び評価規準として示す育成すべき資質・能力が明快になったと言える。従前の四観点「知識・理解」「技能」「思考・判断・表現」「関心・意欲・態度[*5]」による評価規準では，目標に示す趣旨との関連性において不明確な設定による指導案なども見られた。

　具体的に図画工作や美術等に関する前掲の「各教科等・各学年等の評価の観点等及びその趣旨」を基に，学習指導要領が示す目標及び内容との関連から，各観点おける育成すべき資質・能力などを整理すると，次のようになる。

　　○「知識・技能」

　　　・知識に関する資質・能力

　　　・技能に関する資質・能力

　　（知識に関する評価規準と，技能に関する評価規準を分けて示す。）

○「思考・判断・表現」

〔共通事項〕イに示す事項（小学校図画工作科）

発想や構想に関する資質・能力

鑑賞に関する資質・能力

○「主体的に学習に取り組む態度」

知識及び技能を獲得したり，思考力，判断力，表現力等を身に付けたりすることに対する態度

　表1は，これらの考え方を整理したものである。各観点に示す記号は，小学校図画工作及び中学校美術，高等学校芸術科美術I，同II，同IIIの各教科科目の学習指導要領の内容を示している。

表1　指導目標と評価規準及び評定

指導目標（三つの柱）		知識及び技能		思考力, 判断力, 表現力等			学びに向かう力, 人間性能等	
評価規準	小学校 図画工作	知識・技能		思考・判断・表現			主体的に学習に取り組む態度	感性, 思いやりなど
		知識〔共通事項〕ア	技能A 表現 (2)	発想や構想A 表現 (1)	鑑賞B 鑑賞	〔共通事項〕イ		
	中学校 美術	知識・技能		思考・判断・表現			主体的に学習に取り組む態度	感性, 思いやりなど
		知識〔共通事項〕アイ	技能A 表現 (2)	発想や構想A 表現 (1)	鑑賞B 鑑賞			
	高等学校 芸術科美術	知識・技能		思考・判断・表現			主体的に学習に取り組む態度	感性, 思いやりなど
		知識〔共通事項〕アイ	技能A 表現(1) イ(2) イ(3) イ	発想や構想A 表現(1) ア(2) ア(3) ア	鑑賞B 鑑賞			
評定		A, B, C　三段階評価					↓	個人内評価
		五段階評価（小学校は三段階, 小学校低学年は行わない。）						

＊該当学習指導要領解説等を基に筆者作成

　また，このような目標に準拠した観点別学習状況の三観点による評価規準を学習指導案などに記載する場合，題材及び単元の目標から評

価基準までを一連の系統性をもって示す必要がある。

　その形式の一例を示すと，次のようなものが考えられる。

1.題材（単元）名

2.題材（単元）設定の理由

　（1）題材について

　（2）児童生徒について

3.指導目標

　（1）【知識及び技能】

　（2）【思考力，判断力，表現力等】

　（3）【学びに向かう力，人間性等】

4.評価規準

　（1）知識・技能

　　・（知識に関する資質・能力）

　　・（技能に関する資質・能力）

　（2）思考・判断・表現

　　・（小学校図画工作〔共通事項〕イに関する事項）

　　・（発想や構想に関する資質・能力）

　　・（鑑賞に関する資質・能力）

　（3）主体的に学習する態度

　　・（小学校図画工作〔共通事項〕イに関する事項の獲得に対する
　　　態度）

　　・（知識に関する資質・能力の獲得に対する態度）

　　・（技能に関する資質・能力の獲得に対する態度）

　　・（発想や構想に関する資質・能力を身に付ける態度）

　　・（鑑賞に関する資質・能力を身に付ける態度）

　　　　　　　　＊小学校の場合は「資質・能力」ではなく「事項」と表記

これらの一連の目標と評価規準の関係性や評価の考え方の構造を俯瞰するならば，授業での学びをどのようにして，変化の激しいこれからの社会を生きる児童生徒に必要な資質・能力の育成として編成するかが今問われている。

（大坪圭輔／武蔵野美術大学）

＊註

1 —— 高等学校における「各教科・科目の観点別学習状況」はその考え方は従前より導入されていたが，指導要録への記載は義務付けられていなかった。そのため，平成29（2017）年度文部科学省委託調査「学習指導と学習評価に対する意識調査」では，指導要録に観点別学習状況を記録している高等学校は13.3％にとどまっている。

2 —— 平成28（2016）年12月中央教育審議会答申「幼稚園，小学校，中学校，高等学校及び特別支援学校の学習指導要領等の改善及び必要な方策等について」第1部，第9章，2.評価の三つの観点。

3 —— 本報告では，「各教科等の特質」について，下記のような脚注を示している。「例えば，芸術系教科の『知識』については，一人一人が感性などを働かせて様々なことを感じ取りながら考え，自分なりに理解し，表現したり鑑賞したりする喜びにつながっていくものであることに留意することが重要である。」

4 —— 評価規準は評価を行う項目のことであり，評価基準は評価規準における達成度や到達度を示すもの。

5 —— 図画工作や美術など関係教科・目標では，「美術（造形，工芸）への関心・意欲・態度」「発想や構想の能力」「創造的な技能」「鑑賞の能力」となっており，四観点の趣旨を生かした各教科の観点となっていた。

第 2 章　新しい授業題材開発と教育方法

第1節　新たな授業の視点

これからの図工美術の授業とは

　平成28（2016）年12月に示された中央教育審議会の答申（以下，平成28年答申[*1]）は，近年「知識・情報・技術をめぐる変化の早さが加速度的となり，情報化やグローバル化といった社会的変化が，人間の予測を超えて進展するようになってきて」おり，「第4次産業革命ともいわれる，進化した人工知能」が「社会や生活を大きく変えていくとの予測がなされている」と述べている。そのような社会で子供たちが自らの力を発揮して生きていけるようにと，学習指導要領は各教科等で育成を目指す資質・能力を明確にし，教育目標や教育内容を再整理した。これは学習を進めていく上で「何を理解しているか，何ができるか」「理解していること，できることをどう使うか」「どのように社会・世界と関わり，よりよい人生を送るか」を明確に示すことにより，これからを生きる子供たちに学校教育で何を身に付けさせるべきかの方向性をはっきり示したと捉えることができる。

　一方，子供たちに身に付けさせるべき資質・能力を「知識に関するもの」「スキルに関するもの」「情意（人間性など）に関するもの」の三つに分類している例は，ヨーロッパ諸国やニュージーランド，シンガポールなど先進的な教育を行っているといわれる多くの国や地域でも見られる。未知な要素が多々ある未来の社会で，子供たちが幸福に生きていくために必要な資質・能力を身に付けさせることが世界中の学校に求められているのである。このことは日本の図工美術の学習においても当然言えることである。何のためにこの題材を行うのか，この題材を学ぶことによって，子供たちにどのような力が身に付くのか，将来に向けてどのような意味がこの学びにあるのかを考えていくことが教師にとってますます重要になってくる。子供たちも，なぜ，何の

ためにこの学びを行っているのか，この学びは私たちにどのように役立つのか，私たちの生活とどのようにつながるのかといった学習の意味を考えることにより，学びは一層深まっていくのである。これからの社会で生きていくために必要な力，本当に必要な資質や能力を身に付けさせるための図工美術の学びをもう一度捉え直してみることが大切であろう。

アクティブ・ラーニング

　今回の改訂で話題になっているキーワードのひとつに「アクティブ・ラーニング」が挙げられる。平成28年答申では「学びの質を高めていくため」に「『主体的・対話的で深い学び』の実現に向けて，日々の授業を改善していくための視点を共有し，授業改善に向けた取組を活性化していくことが重要」であり，それが「『アクティブ・ラーニング』の視点からの授業改善である」としている。アクティブ・ラーニングはそもそも平成24（2012）年8月の中央教育審議会答申[*2]にある大学教育改革で挙げられている。そこには，アクティブ・ラーニングとは「教員による一方的な講義形式の教育とは異なり，学修者の能動的な学修への参加を取り入れた教授・学習法の総称」であり「発見学習，問題解決学習，体験学習，調査学習等が含まれるが，教室内でのグループ・ディスカッション，ディベート，グループ・ワーク等も有効」と示されている。これを見ればわかるように，一方的な講義が多い大学の授業に対して有効な授業改革の視点と言えるが，小中学校ではすでに多くの授業で答申が指摘することは普通に取り入れられている。それを踏まえた上で，「アクティブ・ラーニング」という語句について考えてみたい。奈須正裕は「アクティブ・ラーニングという表現を足場に『主体的・対話的で深い学び』という，より適切で豊かな概念の創出に成功した[*3]」と捉えている。また，学習指導要領[*4]には，「『主体的・対話的で深い学び』の実現に向けた授業改善（アクティブ・ラー

ニングの視点に立った授業改善）」とあるように，今後学校現場では
「主体的・対話的で深い学び」という言葉を使用して授業改善等の議
論が行われていくだろう。

図工美術における「主体的・対話的で深い学び」

　「主体的・対話的で深い学び」の実現については，「特定の指導方法
のことでも，学校教育における教員の意図性を否定することでもない。
人間の生涯にわたって続く『学び』という営みの本質を捉えながら，教
員が教えることにしっかりと関わり，子供たちに求められる資質・能
力を育むために必要な学びの在り方を絶え間なく考え，授業の工夫・
改善を重ねていくことである。」（平成28年答申）と示されている。つ
まり「主体的・対話的で深い学び」を行うこととは，何か新しいメソッ
ドのような教育方法を開発することではない。そして図工美術では，
今まで学校現場で行ってきた自分自身やまわりの世界に関心を持って
試行錯誤を重ねながら粘り強く描いたり作ったりする活動，友達同士
で話し合いながら考えたり発見したりする活動，図工美術という教科
における「見方・考え方」によって，これまで学んできたことや新しく
知ったことを関連させ，情報をうまく取り入れて自分の価値を作り出
していく活動を子供たちができるように，日々の授業を改善しながら
行っていくことである。そして「主体的に学ぶこと」，「対話的に学ぶ
こと」，「深く学ぶこと」の三つを切り離して考えるのではなく，学習
を進めていく中で複合的に捉えることが大切である。三つの「学び」
が別々に存在しているのではなく，多様な側面から学びについて捉え
ることと考えた方がよい。

　そうは言っても，それぞれの言葉について考えた場合，最も理解し
づらいのが「深い学び」という言葉であろう。「深い学び」では各教科
における「見方・考え方」が鍵になる。それは「『どのような視点で物
事を捉え，どのような考え方で思考していくのか』というその教科等

ならではの物事を捉える視点や考え方」であり「各教科等を学ぶ本質的な意義の中核をなすもの」で「教科等の学習と社会をつなぐもの」[*5]である。まさに何のためにその教科等を学ぶのか，学ぶことによりどのような意義があるのかを子供たちに考えさせるものであり，学びの本質に迫るものと捉えられる。

「問い」のある学び

　深い学びを行うには何が必要なのか。奥村高明は「『深い学び』は『深い問い[*6]』」と示し，さらに西岡加名恵の言葉を挙げながら「『深い学び』については，表面的な学習に対する「深まり」の意味ですが西岡は知識やスキルなどを総合的に使いこなす学習活動が思うようにいかないのは，思考や判断を促すような「問い」がきちんと設計されていないからだと指摘しています[*7]」と，学びが深まる「問い」の重要性を述べている。さらに西岡は「『本質的な問い』は学問の中枢に位置する問いであると同時に生活との関連から『だから何なのか』が見えてくるような問い」とし，「一問一答では答えられない問いであり，論争的で探究を触発するような問いである[*8]」と述べている。

　また国際バカロレア[*9]中等プログラム（International Baccalaureate Middle Years Programme）では探究的な学習をするために「探究の問い（Inquiry questions）」として「事実的問い（Factual questions）」，「概念的問い（Conceptual questions）」，「議論的問い（Debatable questions）」を設定し概念理解を促す授業を行っている[*10]。

　「本質的な問い」にしろ「探究の問い」にしろ，これらの「問い」は学びを自分たちの問題と捉え，興味や関心を持って，探究的に本質に迫るために設定されている。「探究の問い」を活用したペーパーレリーフを制作する中学校第2学年のデザインの授業例を挙げる。この授業では「事実的問い：（資料を見せながら）どのような構成美の要素が含まれているか」「概念的問い：自然物や人工物が持つ模様の美しさをど

ペーパーレリーフ生徒作品
「bird! bird! bird!」

こから感じるのか」「議論的問い：生活に模様を取り入れるのはなぜか。シンプルなものと模様のあるものとどちらが美しいか」という問いを設定し，「美しさ」「構成」といった概念を考えさせるものである。「問い」を設定した結果，「模様があることで自分たちの生活がより豊かになっているのではないか」等生活の中の模様の意味について考えている生徒が半数以上になった。美術の学習が実生活につながる例と考えられる。

　今回の学習指導要領改訂では「アクティブ・ラーニング」や「主体的・対話的で深い学び」などの耳慣れない言葉が登場し，なじみにくい印象がある。しかし，いずれの内容についてもこれまでの流れを否定し教育そのものを根本から変えていくということではない。むしろ，今まで学校現場で長年にわたり培われてきた貴重な資源を再確認し，枠組みや考え方を整理して，よりよい学びにつなげていくための視点と捉えるべきである。

カリキュラム・マネジメント

　今回の学習指導要領改訂においては，これからの教育課程について「社会に開かれた教育課程」と位置付けて社会の変化を柔軟に受け止めていく役割を持たせることを期待している（平成28年答申）。そのために，学校がよりよい社会を創るという目標を持ち，その目標を社会と共有すること，求められる資質・能力を教育課程において明確化すること，教育課程の実施にあたり地域の人的・物的資源の活用，社会教育の連携等から，学校教育の目指すところを社会と共有・連携していくことを示している。この「社会に開かれた教育課程」を実現し

ていくために重要なのがカリキュラム・マネジメントである。西岡が
「教育課程という用語は，もともとcurriculumを翻訳したものである[*11]」
と述べているように，カリキュラムと教育課程を同義としてよいであ
ろう。その上で答申を見ると「教育課程とは，学校教育の目的や目標
を達成するために，教育の内容を子供の心身の発達に応じ，授業時数
との関連において総合的に組織した学校の教育計画であり，その編成
主体は各学校である。」と明確に示した上で「子供たちの姿や地域の実
情等を踏まえて，各学校が設定する学校教育目標を実現するために，
学習指導要領等に基づき教育課程を編成し，それを実施・評価し改善
していくことが求められる。これがいわゆる『カリキュラム・マネジ
メント』である」（平成28年答申）と述べている。つまり，カリキュラ
ム・マネジメントとは子供の姿や地域の状況を見据えて，学校教育目
標を実現するための教育計画である教育課程を学校が編成し，それを
実施・評価し改善していくことであり，次の三つの側面から捉えられ
る。

①教科等の内容を相互の関係で捉え，教科等横断的に，教育の内容を
　組織的に配列すること

②教育課程を編成，実施，評価，改善するPDCAサイクル[*12]を確立す
　ること

③人的・物的資源等を外部の資源も含めて活用し効果的に組み合わせ
　ること

　やや複雑な面があるが，要は学校で行われる教育は教師一人ひとり
が参加して責任を持って創り上げることが必要であり，自分の教科だ
け（小学校でも教科ごとにばらばらに）考えるのではなく，教科等横断
的な視点を持ち，教育課程そのものを常に振り返り改善していくこと，
学校内で閉じずに，地域や他の施設と連携していくことが大切なのだ
と捉えられる。こうしてみるとカリキュラム・マネジメントの内容は，
いきなり登場した得体の知れないものではないことがわかる。各内容

は今までも耳にしたことばかりである。ただ，これまでの学校という組織は内に向かう傾向や硬直化しやすい面があり，上記の内容がなかなか実現できなかったことも事実である。今回改めてカリキュラム・マネジメントという言葉を明確に示したのも，その意味することを学校内外の人々で共有し，これからの時代に生きる子供たちの教育の場として学校が有効に機能していくことを，社会全体が望んでいるためだと捉えることができる。

　カリキュラム・マネジメントの視点から図工美術を考えることは，教科の特性を発揮するという点でも有効であると考えられる。例えば中学校の数学の立体図形と美術のパッケージデザインを関連していくことや，地域の作家や職人を招いたり美術館と連携したりして学習をするなど具体的な方策を考えることができる。もちろん学校ごとに様々な条件により困難な面もあるだろうが，教師一人ひとりがカリキュラム・マネジメントを自分事として意識し，できることから実施していくことがカリキュラムを学校全体で作る上で重要なことなのである。

多文化共生社会

　平成30（2018）年12月の在留外国人数は273万人強[*13]となっており，少子高齢化やグローバル化が進むと見られる今後の社会では，この傾向はさらに続くであろう。総務省では多文化共生について「国籍や民族などの異なる人々が，互いの文化的ちがいを認め合い，対等な関係を築こうとしながら，地域社会の構成員として共に生きていくこと」と定義しており，多文化共生を推進するためには，「日本人住民も外国人住民も共に地域社会を支える主体であるという認識をもつこと」が大切であると述べている[*14]。これからの社会や学校現場では，国籍や民族に分け隔てなく互いを尊重して理解し合うことが一層大切なこととなる。

前述のような国の方針のもと，各自治体でも様々な取り組みがなされている。神奈川県川崎市が作成した多文化共生の社会を考えるための冊子[*15]では，学校現場等で実際に考えられる内容を一問一答形式で記している。例えば小学校低学年の外国人児童について「日常の指導上どのようなことに留意したらよいでしょうか」という問いに対し「教職員の姿勢ひとつで学級の雰囲気が変わり」，その国の民話，歌，ゲームを取り上げるなどするだけで子供たちの表情が明るくなり，まわりの子供もその国の文化に興味を持ち始めること，などが示されている。このように多様な文化や風習などを尊重し，相手の立場に立って行動していくことが大切である。ここでも図工美術などの芸術教科は重要になってくる。描いたり作ったりする活動の中で自然と気持ちも通じ合う。平成28年答申でも，古典や歴史，芸術の学習等を通じて，日本の伝統や文化を継承していけることを述べた上で，「様々な国や地域について学ぶことを通じて，文化や考え方の多様性を理解し，多様な人々と協働していくことができるようにすることなどが重要である」としている。子供たちが楽しみながら自他の文化を共に学び理解し合っていくことは今まで以上に重要になってくる。

ICTを活用した美術教育

　知識基盤社会と言われる社会では様々な情報を適切に活用し問題を発見，解決したり，自分の考えを形成したりするために必要な資質・能力である「情報活用能力」がより一層重要になってくる[*16]。私たちは今後多くの情報と，様々なメディアによって接することになるが，それらの情報に振り回されることなく効果的に活用する力が必要となる。そのためにもICTを有効に活用できることはこれからの社会においては必須である。ICTは「Information and Communication Technology（情報通信技術）」の略で，情報通信技術を使ったコミュニケーションということになる。文部科学省はICTを効果的に活用できると考えら

れる学習場面を類型化して整理し公表している*17。それによると，A一斉学習，B個別学習，C協働学習に分類され，それぞれA（挿絵等の拡大等），B（マルチメディアを用いた作品制作等），C（教室内外での意見交換や交流等）の例が示されている。いずれもうまく活用すれば子供たちの興味や関心も高まり，学習効果が上がると期待できる。美術教育においてはA表現の学習で「表現の幅を広げ，様々な表現の可能性を引き出すために重要であるとともに」「発想や構想の場面でも効果的に活用できる」こと，B鑑賞の学習で実物の鑑賞が重要とした上で「ビデオ，コンピュータなどの画像や映像などを使い，効果的に鑑賞指導を進めることが必要であ」ることや「鑑賞する作品や作者について」の調査や美術館等のWebページの閲覧等の活用が考えられている*18。これらを見てもICTの活用は，視覚芸術に対しての学習が中心である図工美術の学習にとって有効である。

　実際に一部の学校現場ではPCやタブレットの活用はすでに始まっており，自治体によってはほぼ全員の子供たちが機器を活用できる環境になっているところもある。中学校美術の現場では，生徒がネットワークを活用して作品制作に参考になる資料や作家作品を自分で探索し，今後の学習につなげる例などもすでに見られる。もちろん図工美術の学習は実際に子供たちの手で材料や用具を使い，試行錯誤を重ね

ICTを活用した授業

ながら作り上げることや，実物の作品を見たり場合によっては直接触れたりすることが大切である。要はICTの利点や欠点を教師が十分に理解した上で上手に活用していくことである。加えてICTを活用する上で注意することは著作権等の知的財産権や肖像権といった諸権利や，ネット環境を使用する上でのマナーや危険性を確実に教えることである。これらは子供たちが社会生活を送る上

で重要なことあり，教科を超えて学ぶ機会を作る必要がある。

これからの社会における美術教育とICT

　科学技術の進歩のスピードはさらに加速し，未来社会は私たちの想像をはるかに超えたものとなるであろう。一方，テクノロジーの活用や人々の嗜好の多様化，多様な文化の交流や融合等によって美術の在り方自体も大きく様変わりするかもしれない。そのような状況においても美術教育とは何をすべきか，どのような学びが子供たちに必要となるのかを現場の教師は常に考え続けていく必要がある。

（小池研二／横浜国立大学）

＊註

1 ——「幼稚園，小学校，中学校，高等学校及び特別支援学校の学習指導要領等の改善及び必要な方策等について（答申）」2016年12月21日，中央教育審議会。

2 ——「新たな未来を築くための大学教育の質的転換に向けて〜生涯学び続け，主体的に考える力を育成する大学へ〜（答申）」2012年8月28日中央教育審議会。

3 —— 奈須正裕『「資質・能力」と学びのメカニズム』東洋館出版社，2017年，p.145。

4 —— 例えば「小学校学習指導要領（平成29年告示）解説 図画工作編」2017年，p.3。

5 —— 例えば前掲「学習指導要領解説 図画工作編」2017年，p.4。

6 —— 奥村高明『マナビズム−「知識」は変化し，「学力」は進化する』東洋館出版社，2018年，p.136。

7 —— 西岡加名恵『教科と総合学習のカリキュラム設計−パフォーマンス評価をどう活かすか』図書文化社，2016年。「思考力・判断力・表現力の育成には必ずしも効果的につながっていない例も見受けられる。たとえば，活動させてはいても思考や判断を促すような『問い』が位置付けられていないことがある」と記述されている（p.90）。

8 —— 同上，p.93。

9 —— 世界共通の教育プログラム及びその資格の総称。

10 —— International Baccalaureate Organization, MYP: From principles into practice, IBO, 2014, p.63.

11 —— 西岡，前掲，p.11。

12── pp.160-161 参照。

13──「e-Stat 政府統計の総合窓口」在留外国人統計（政府統計コード00250012）2019年8月閲覧。

14── 総務省「多文化共生の推進に関する研究会報告書～地域における多文化共生の推進に向けて～」2006年3月。

15── 川崎市教育委員会「かわさき外国人教育推進資料 Q&A『ともに生きる』～多文化共生の社会をめざして～」2017年3月（18版）。同資料によると2016年12月現在川崎市の外国人総数35,665人，外国人比率2.39％。

16──「中学校学習指導要領 総則編」を要約。

17── 文部科学省初等中等教育局情報教育・外国語教育課「新学習指導要領における情報活用能力の育成とICTを活用した教育の充実」『中等教育資料』2019年7月号p.16，「学びのイノベーション事業実証研究報告書」（2013年度）より

18── 東良雅人「新学習指導要領とICTの効果的な活用　（音楽，美術，芸術(音楽，美術，工芸，書道))中学校美術科」同上，p.35。

第2節　表現の題材と教育方法

表現の学習の状況と課題

　「図工美術という教科とはどのような教科だと思うか」と小学校教員志望の大学生に尋ねると「絵を描いたり，工作をしたりする教科だ」と答えるのが一般的である。視覚的な造形活動をする教科だろうということは自分たちの経験からも察しているようである。言うまでもなく図工美術の学習は「表現及び鑑賞の（幅広い）活動を通して」（小中学校）行われるものであり，扱われる内容は「A表現」と「B鑑賞」および〔共通事項〕で構成されている。これからもわかるように「表現すること」は，図工美術の学習では極めて本質的なものである。小学校では，「児童が感じたことや想像したことなどを造形的に表す*1」ものとして，中学校では，「生徒一人一人が自分の心情や考えを生き生きとイメージし，それを造形的に具体化する*2」活動として表現を位置付けている*3。児童や生徒が自分で感じ取ったことや考えたこと，想像したことやイメージしたことなどを形や色彩といった視覚的な表現方法で表すことが示されている。ただ単に形を描き写すことや，考えもなく写実的に形を作ることが目的でないことをはっきりと述べている。「表現」という概念は基本的で捉えどころが難しいが，表現するとはどのようなことか，なぜ表現をするのかという原点に返って時折自問してみることも必要だろう。図工美術の学習の本質について考え続けることは教師としては大切なことである。

　次に各学校種に分けて学習指導要領の面から表現の学習の内容について見ていく。

小学校図画工作科における表現

　周知のとおり今回の学習指導要領改訂により全ての教科で目標及び

内容が資質・能力の三つの柱によって整理された。

　内容のうち,「A表現」の構造を資質・能力の面から簡単に述べると(1)が「A表現」を通して育成する「思考力,判断力,表現力等」として発想や構想に関する項目,(2)が「A表現」を通して育成する「技能」に関する項目である。〔共通事項〕(1)はアとイの二つの事項があり,アでは,形や色などの造形的な特徴を理解するという「知識」に関して,イでは,自分のイメージを持つという「思考力,判断力,表現力等」に関する事項である。

　小学校の図画工作科ではこれまでも「造形遊びをする活動」と「絵や立体,工作に表す活動」が行われてきたが新学習指導要領も同様である。ただし,資質・能力で内容を表しているため「A表現」(1)(2)のそれぞれの項目のうち,アが「造形遊びをする活動」,イが「絵や立体,工作に表す活動」というように記述されている。図で表すと図1のとおりである。この図を見てもわかるとおり活動する内容はこれまでと変わらないが,その学習でどのような力をつけさせたいのか,どのような能力を育成するための学習なのかが具体的に示されている。そして子供たちに身に付けさせたいのは資質・能力なのであり,何かを作らせることがその題材の最終の目的ではないことが学習指導要領の構造上からも見えてくる(図1)。

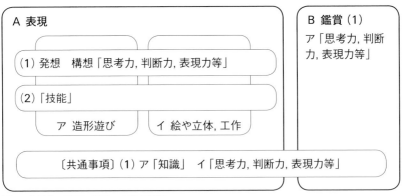

図1　小学校　図画工作科　内容の概要

中学校美術科における表現

　中学校美術科の内容を図示すると図2のようになる。今回の改訂で特徴的なのは小学校と同様に，資質・能力で整理されたのはもちろんであるが，「感じ取ったことや考えたことを基にした発想や構想」のみでなく「目的や機能などを考えた発想や構想」についても「主題を生み出すこと」を示し，主題を考えさせて表現を行うことの重要性を明確に示したことである。また，これは「B鑑賞」領域にも関連するところであるが，「美術作品など」の鑑賞において感じ取ったことや考えたことなどを基にした表現の鑑賞と，目的や機能などを考えた表現の鑑賞を示し，表現と鑑賞の関連を強め，資質・能力の三つの柱の「思考力，判断力，表現力等」の育成がしやすいように配慮されていることが挙げられる。

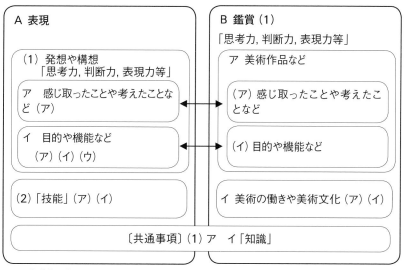

図2　中学校　美術科　内容の概要

高等学校芸術科美術における表現

　高等学校は中学校までの必修教科としての美術教育ではなく，選択教科という位置付けになる。そして，芸術科の中の美術と，専門教科

としての美術が設定されており，それぞれの科目の状況に応じて「表現」が設定されている。ここでは高等学校の芸術科のうち美術Ⅰを例に挙げる。表現を中心にした内容を図に示すと図3のようになる。

A表現は（1）絵画・彫刻，（2）デザイン，（3）映像メディア表現の各項目が立てられている。そして，項目ごとに指導内容として，ア　発想や構想（思考力，判断力，表現力等），イ　発想や構想を基に創造的に表す技能（技能），が示されている。さらに詳細に見ていくと，ア発想や構想では（ア）主題の生成，（イ）創造的な表現の構想，イ創造的に表す技能では，（ア）材料や用具を生かす技能，（イ）創造的に表す技能（映像メディア表現では，（ア）映像メディア機器等の用具を生かす技能，（イ）効果的に表す技能）の各指導事項が示されている。

小中学校と同様に，高等学校も資質・能力で表現の内容が整理されている。また，B鑑賞のうち美術作品などに関する鑑賞の各指導事項で絵画・彫刻，デザイン，映像メディア表現に関する鑑賞が挙げられており，表現と鑑賞を関連して学習できるように設計されている。さ

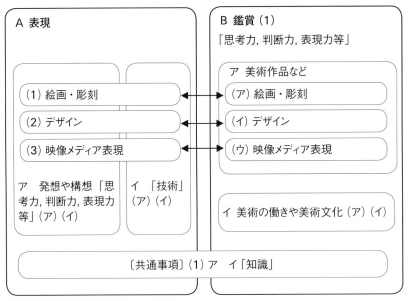

図3　高等学校　芸術科美術Ⅰ　内容の概要

らに今回の改訂では，高等学校でも〔共通事項〕が知識として示されている。

　また，小中高全ての段階において表現と鑑賞の学習を関連させること（小学校では「一体的に補い合って高まっていく活動」），知識として示された〔共通事項〕を指導していくことが明確になったことなどを見ても，小中高の連続性が重視されていることがわかる。実際に授業計画を立てて授業を行うときにも，小中高の学習指導要領を理解すること，さらに言えばたとえ中高の教員であっても幼稚園教育要領，保育所保育指針についても目を通しておくことは，美術教育について俯瞰的に捉えることができるという点で重要である。

表現の学習の課題

　表現することが図工美術では重要で基本的なことであるのは疑いの余地はないであろう。小学校中学年くらいまでは多くの子供たちが表現することに抵抗なく取り組んでいるが，高学年くらいから苦手意識を持ち，図工や美術が嫌いになる子供たちが見られることはこれまでも多く述べられてきた。いわゆる「思春期における描画の危機[4]」は表現の学習の課題としてひとつ挙げられるであろう。このことについて新井哲夫はローウェンフェルドやガードナーなどの研究結果を挙げながら詳細な研究を重ねている。ここで新井は従来からよく言われる思春期の子供が持つ自らの描画の稚拙さを自覚することを原因とするのではなく，「最も本質的な理由は，描画そのものへの興味・関心の低下」を挙げている。そして，最も望ましく現実的な解決策として「描画の問題から目を背けはしないが，描画だけにこだわらず，他の領域や分野の活動とも関連付けながら，描画を含む造形的な表現や鑑賞について子どもたちの認識や技能の向上を目指すこと」を挙げている。描画（表現）の問題を表面的ではなく，より深い本質的なところで捉え，決して描画（表現）についてあきらめてしまうのではないが，それだけ

にこだわるのではなく，多様な活動と関連づけて広い視野から子供の資質・能力を伸ばしていくことが重要だと捉えることは合理的な考えであろう。

　前述とも関連するが表現活動において，教科内外から多様な見方で捉えながら学習を考えていくことは，授業時数の問題についてもひとつの答えと言うことができるであろう。美術の授業時数については特に中学校は週に1〜1.3時間の設定で，活動に支障が出るという声が現場から多く聞かれる。扱う題材を小型化する，複雑な工程の内容を避ける等多くの工夫がされているが，例えばひとつの単元として大きなテーマを設定し，その中で複数の学びを行うこと，他教科等と積極的に連携をはかり，学びを構造化していくことなども今後考えていく必要はある。

主題の生成

　新井は心象表現における表現意図としての「主題」について，過去の学習指導要領における扱われ方や，美術史・芸術学での用例を検討しその語義について「（ア）表現の対象・モチーフ」，「（イ）表現の内容・意味」，「（ウ）［作者が造形的な感覚や直観を通して捉えた］対象（題材）の表現イメージ」，「（エ）共通のテーマとしての題材に対する作者の個人テーマ（題）」の四つに分類している[*5]。そして，多様な視点から分析を加えた上で授業における心象表現としての描画の表現意図（表現主題）は上記の4類型では（ウ）に該当すると述べている。（ウ）について新井は「表現の対象や題材（対象やモチーフ，テーマ）に対する作者の主観的なイメージであり，（ア）と（イ）の要素が結合したもの」としている。単なるモチーフや表面的な内容ではなく，作者の造形的な見方や感じ方で捉えたイメージということができよう。またローウェンフェルドは，初等教育において，教師が子供の発達段階を知ることの重要性について述べるところで，「主題は『何』というより

も，『いかに』ということに，限定されなければならない。創作活動においては，主題は各年齢水準による人と環境との主観的経験に基礎づけられているので，各年齢水準を通じて，人と環境とに対する子供の主観的関係がいかに変化しているかを研究することが必要である[*6]」として，主題を単純に対象物と捉えるのではなく，どのように描くかということであり，それが環境等との主観的経験に基づき，しかも発達によってどのように変化していくかを研究する必要があると述べている。これらを見ると両者ともにいわゆる心象表現における主題は単なる，物体ではなく，作者である子供の主観が影響しているものと捉えられる。

　学習指導要領では小学校では第5学年及び第6学年の「A表現」(1)イの絵や立体，工作に表す活動で「感じたこと，想像したこと，見たこと，伝え合いたいことから，表したいことを見付けることや，形や色，材料の特徴，構成の美しさなどの感じ，用途などを考えながら」いかに主題を表すか，が記されている。中学校では今回の改訂で「主体的で創造的な表現の学習を重視し」，「A表現」(1)の「ア　感じ取ったことや考えたことなどを基にした発想や構想」と「イ　目的や機能などを考えた発想や構想」の全ての事項に「主題を生み出すこと」を位置付けている。これまでは新井らの研究にあるように主題についてはいわゆる「絵や彫刻などの学習」において主題の創出が触れられていたが今回の改訂で，全ての表現活動において主題を考えて作品を創り上げていくことの大切さが位置付けられたことになる。さらに解説では主題を生み出すことを「生徒自らが感じ取ったことや考えたこと，目的や条件などを基に『自分は何を表したいのか，何をつくりたいのか，どういう思いで表現しようとしているのか』など，強く表したいことを心の中に思い描くことであり，独創的で個性豊かな発想や構想をする際に基盤になるもの[*7]」としており，表現活動をする上で重要なものであると明確に述べている。また高等学校芸術の美術では全ての表

現活動に主題の生成が明記されている。小学校高学年（絵や立体，工作）から中学校，高校の表現において子供たちが豊かに創造活動をするために主題をどのように生み出していくかを考えていくことは，授業を組み立てていく段階から教師にとって重要である。

デザインの学習の重要性

　デザインという言葉の意味について辞書には「①建築・工業製品・服飾・商業美術などの分野で，実用面などを考慮して造形作品を意匠すること。②図案や模様を考察すること。また，そのもの。③目的をもって具体的に立案・設計すること。」（『デジタル大辞泉』小学館）と示してある。①②は視覚芸術に関連するものであるが，③についてはより広い意味になる。また，デザイナーの原研哉は「デザインとは，ものづくりやコミュニケーションを通して自分たちの生きる世界をいきいきと認識することであり，優れた認識や発見は，生きて生活を営む人間としての喜びや誇りをもたらしてくれるはずだ[*8]」と述べ，自分たちの生きる世界について考えることと捉えている。茂木一司は「『装飾』や『ものづくり』に限定されていたデザイン行為をイベントの企画などの『アイデアづくり』」や「『モノ』と人間とのインターラクション『出来事／経験のデザイン』として『かたち』にしようとしている」とデザインの意味が「モノ」から「コト」まで広がっていることを指摘した上で「子どもたちが日常的に戯れるメディア空間での学びとデザイン教育を含む美術科教育は大きなずれができてしまっている」ことを指摘している[*9]。そしてこれだけ多様なデザインの意味がいまだに学校の美術科教育では「受け手（日本の美術教育）の未熟さで矮小化されてしまったのではないか」と述べている。

学校教育の中のデザイン

　学習を各教科という学問分野ごとに分けて系統化されている学校

教育において，造形的な要素を介して様々な事象を学ぶ図工美術では，形や色彩による視覚的な学習になるのはある意味では当然であろう。そのことを踏まえた上で，中学校を例に学習指導要領ではデザインについてごく簡単に言えば，構成や装飾すること，伝える目的や条件などを基に表現すること，用途や機能などを追究することについて発想や構想をし，さらに創造的な技能を身に付けることと捉えられる。これらを見ると茂木が言う「モノ」としてのデザインについて学ぶことと言えよう。現代社会で使われているデザインという言葉の概念からは確かにごく一部についてのみ美術教育が関わっているのかもしれない。しかし，いわゆる「装飾」や「ものづくり」について学ぶデザインの学習であっても，その活動をしていく中で，他者を考え社会を考えていく学習は可能である。例えば教科以外の活動とつなげることによって，周囲とのコミュニケーションを行い，原が言う「自分たちの生きる世界をいきいきと認識すること」につながり，広い意味でのデザインについて概念的に理解させることにつながると考えられる。つまりデザインの学習で大切なことは，表面的な色彩構成や立体構成の学習に終始するのではなく，この学習をすることにより，子供たちが生活や社会にどのように関心を持つようになるのか，この学習自体が子供たちの生きている社会とどうつながるのかを，教師自身が問い，考えることである。デザインの学習では，他者を意識することや，目的や機能を考えること，段取りを立て計画的に制作を進めること，コミュニケーションを取りながら最適解を見つけていくことといった活動が行われる。これらはこれからの社会で生きるために重要なスキルである。もちろん，創造活動によって豊かな資質・能力を学ぶデザインの学習本来の意味合いを忘れてはならないであろう。

材料・用具

　視覚芸術である図工美術の表現活動では作品などを実際に制作する

ことが一般的であり，材料や用具を使用することは特別な場合を除き当然のことである。「人間は社会的動物（social animal）とも呼ばれ，または『ホモ・ファーベル（homo faber）』＝『工作する人』とも表される。この人間の呼び名が示すように，人間と動物を分かつ一番の特徴は道具を用いることである[*10]」と言われるように道具（用具）の使用は私たち人間にとって大きな意味を持つ。道具（用具[*11]）を扱うことは単に学習のための補助的な手段としてだけではなく，より深い意味も併せ持っている。一方材料について松原郁二は「たとえば，いすは，その目的によって高さや傾きがわかったにしても，それをどの材料で作るかによって，その形は，全く別のものになる」とし，さらに「材料と技術はかたちの完成に決定的な影響を与えている」と材料の重要性を述べている[*12]。

　教師は実際に授業内容を構想するときに，材料や用具について機能や効果を考えて選択することになる。また日常の授業では安全面を考え，児童生徒の発達に合った材料や用具を使用させる。小学校では内容の取り扱いで具体的に学年ごとに使用する材料や用具が挙げられている。児童生徒の発達や学校の実情に合わせて適切に使用することが大切である。そして，児童生徒に使用させる前に教師が必ず実際に使い，使用法について熟知しておくことは最も基本的なことである。現在は日々新しい材料や用具も開発されている。それらについても安全面等を十分に検討してから使用するべきである。また，材料や用具の管理についても日々気をつけ，事故がないように万全を期すことが重要である。

（小池研二／横浜国立大学）

＊註

1 ── 「小学校学習指導要領（平成29年告示）解説図画工作編」2017年，p.10。

2 ── 「中学校学習指導要領（平成29年告示）解説美術編」2017年，p.9。

3 ── 一方資質・能力の表現については「幼稚園，小学校，中学校，高等学校及び特別支援学校の学習指導要領等の改善及び必要な方策等について」2016年12月，中央教育審議会（p.30）では，思考・判断・表現の三つの過程を示した上で「伝える相手や状況に応じた表現」ができることが重要だと示している。

4 ── 新井哲夫『思春期の美術教育−造形表現の質的転換期とその課題−』日本文教出版，2018年。以下の引用も含めてpp.72-75。

5 ── 同上，p.84。

6 ── V.ローウェンフェルド著，竹内清他訳『美術による人間形成』黎明書房，1995年，p.125。

7 ── 前掲「中学校指導要領解説美術編」p.15。

8 ── 原研哉『デザインのデザイン』岩波書店，2003年，p.2。

9 ── 茂木一司「現代におけるデザイン・メディアの変貌と学びの変容：「モノ」・「コト」の越境と統合」『美術教育学の現在から』美術教育学叢書1，美術教育学叢書企画編集委員会（永守基樹責任編集），学術研究出版，2018年，pp.98-111。

10 ── 有元典文，岡部大介『デザインド・リアリティ−集合的達成の心理学』北樹出版，2013年，pp.29-30。

11 ── 『デジタル大辞泉』（小学館）には「【用具】あることをするために使う道具」とあり，「道具」と「用具」の意味はほぼ同じと考えられる。

12 ── 松原郁二『人間性の表現と教育−新しい美術教育理論−』東洋館出版社，1972年，p.226。最も松原はこの直後に創造の主導役は人間であり，イメージがまず描かれることを述べている。

第3節　鑑賞の題材と教育方法

今日の鑑賞活動

　近年の鑑賞教育への関心の高さは，造形美術教育の歴史の中でも新たなステージを迎えている。それは，今日の社会が求めている多様な価値観や，また，ソサエティ5.0社会と言われるIoT社会[*1]への変革の中，鑑賞を通して「自分としての意味や価値を創り出していく」能力がより豊かに，創造的に生きる力として求められているからである。特に人工知能（AI）がめまぐるしいスピードで進化し，生活一般が最適化されていく中で，その人ならではの感性を総動員した思考や判断，そして表現は人間らしく生きるためになくてはならない能力と言えよう。

　鑑賞活動は意味や価値を創り出す創造行為であるが，それは一人一人がそれまで生きてきた経験や体験，獲得してきた知識や経験を基盤とした知性や感性が大きく関与し，感じ方の多様性を生み出している。この感じ方の多様性は，新しい社会や文化を創出していく上でとても重要な様態である。多様性の中に生まれたひとつの様態が，既存の価値を超え，それまでにない独自性をもったアイデアとして人々の共感を得られる価値となったときに，それは新たな価値として位置づけられ，やがて文化として社会に根づいていくのである。

　例えば，ピカソの「アヴィニョンの娘たち」は現在ではキュビスムの歴史的作品として認められているが，描かれた当初はピカソの友人でさえ，当時の絵画の文脈にない独特な描き方を理解できなかったと言われている。その後時代が追いつき，今では我々に対象を多視点で捉えるというとても重要な見方を示唆してくれる。時代の中で生まれ，ピカソによって視覚化された新たな対象の捉え方や考え方は，現代では絵画に留まらず私たちの生活や思考の方法にも広く浸透していると言えるだろう。

今日，拡大し続ける視覚情報社会，進化するテクノロジー社会において，鑑賞活動が対象や事象を多面的に見る能力や，そのよさや美しさを判断し，より自分らしく思考し判断し表現する能力を獲得できる手法として認知されるようになってきた。

　その一例として海外企業のエリート教育に鑑賞が使われ始めたことも見逃せない。美術作品を見るという活動は，答えのないものに対し自分としての意味や価値を創り出す活動であり，イギリスのロイヤル・カレッジ・オブ・アートでは，将来企業の舵取りを任せる幹部候補生にその活動を学ばせるコースが大学院にできている。そこでは美しいものを見て心を豊かにするという従来の芸術作品の価値を享受する受け身の鑑賞活動に加え，積極的に他者の考えを取り込みながら，感性を働かせ，自分としての意味や価値を創り上げる「美意識を鍛える」学びが展開されている。膨大な情報が瞬時に世界を巡り回る今日，既存の価値を享受するだけでなく，従来の価値に加え新たな価値の生成や判断を生み出す能力として，そして答えのない時代を生きる哲学としての美的な判断を生み出す能力が，鑑賞活動を通して身につくと知られてきたからであろう。

鑑賞授業の時間数の確保

　鑑賞活動の時間確保が具体的に指導要領に示されたのは，平成10（1998）年の小学校及び中学校学習指導要領の改訂である。この改訂では「ゆとり」を前面に打ち出し，教科の学びを基に地域などの学外に目を向けさせるきっかけになった「総合的な学習の時間」の導入や，各自の興味関心に基づき学習の充実を図る選択の時間の拡大など，身につけた知識を総合化し，よりよく生きていくための知恵として定着させようという方向が示されていく。また，それまで段階的に進められてきた学校週5日制の完全実施は「ゆとり」として生じた子どもの時間をいかに充実させるかという教育行政の課題を生み，行政主導で

様々な社会教育施設の活用を後押ししていくこととなる。そのひとつが美術館等の教育普及活動であった。教育行政の施策は，間接的に美術館を介して学校現場に影響を与えていくこととなる。

　図画工作・美術科においては，学習指導要領に示された地域の美術館等の活用に伴い動き始めた鑑賞教育の充実などもその流れである。

　平成10（1998）年の中学校学習指導要領では，「第3指導計画の作成と内容の取扱い」において，それまで具体的な言及がなかった鑑賞の時間数についての記述が登場する。「『B鑑賞』の指導については，各学年とも適切かつ十分な授業時数を配当すること。」と示され，解説では「鑑賞のみに充てる時間，および表現との関連を図った鑑賞を含め，少なくとも従来の時数以上の年間授業時数を十分に確保する必要がある。」とし，具体的には年間時数の1/5（年間35時間だとすると7時間）を充てると口頭で説明がされた。それまで制作の導入として参考作品程度に扱われてきた鑑賞が，「鑑賞のみに充てる時間」という一文が加わって鑑賞活動の確立が意識されるようになる。こうして現場では鑑賞題材の開発が進んでいく。

　平成20（2008）年の学習指導要領では「選択」が廃止となり，美術を学べる授業時数が必修のみの3年間で115時間と今までになく縮小された。そして「鑑賞のみに充てる時間」が「独立した鑑賞」と表記を変え，「鑑賞と表現との関連を考えて鑑賞の指導を位置付けたり，ねらいに応じて独立した鑑賞を適切に設けたりするなど」と変化していく。

　さらには平成29（2017）年版では，「各事項において育成を目指す資質・能力の定着が図られるよう」という一文が加わり，鑑賞活動はそれまでの「鑑賞の能力」を育むという目的が「思考力，判断力，表現力等」の資質・能力を育てる活動であると整理され示された。

「鑑賞の能力」の位置づけ

　平成20（2008）年までは学習指導要領の鑑賞の指導事項に「…理解

すること」という表記がある。知識は理解するものであるという解釈から，この「理解する」という言葉が使われている。しかし平成29（2017）年版の中学校学習指導要領では「…理解すること」という表記が消え，すべて「見方や感じ方を広げること」（第1学年），「見方や感じ方を深めること」（第2・3学年）となり，「思考力，判断力，表現力等」を育成する目標の書き方になった。

　さて，鑑賞活動を深めていくには知識（情報）がないと思考の深まりには限界がある。その点では学習者の思考や判断を深めるための情報を提供しなければならないが，鑑賞の授業は作者について知っているとか，作品の内容について言えるなどの表面的な知識（知り得た情報）の習得を目的とするものではなく，それらの情報を活用して自分としての見方・考え方を創り出すことが目的となる。

　そこで，鑑賞で扱う知識の解釈を次のように定義する必要がある。鑑賞の深まりを期待して生徒に与える知識（情報）は，〔共通事項〕という資質能力の「知識」と区別する上で，ここでは学習を深めるために最低限必要な情報と捉えたい。情報の精選については，教師はより多くの学習についての情報を収集した上で，学習者の興味を喚起し，主体的に学びに向かう姿勢をもたせる厳選された発問と，学習者に提供する必要最低限の情報の精選を考える題材研究が必要になるということである。教師が得意気になって作品についての解説をするための題材研究ではない点をおさえたい。

情報と知識

　ここで鑑賞活動における情報と知識の違いについて，少し理解を深めておく必要があろう。

　鑑賞の活動において「知識」をどう考えるかという点では，今回の学習指導要領で整理されたのでわかりやすい。図画工作では〔共通事項〕のア，中学校美術科においては〔共通事項〕全体が「知識」として

位置づけられた。すなわち，ここで扱う「知識」は，私たちが一般生活で使っている知識とは若干違うという点をおさえたい。一般生活ではゴッホの絵を見たときに，ゴッホの生き様や，その時代の背景，影響を受けた人々などのゴッホにまつわる様々な知り得た情報を知識として扱っている。例えば「あの人は博識だから」とか「美術史に詳しいから」など，多くの情報を知っていることを「知識がある」と言う。

　しかし，学習指導要領に示された「知識」ではそのような多くの知り得た情報を指すのではなく造形的な視点を指している。小学校の〔共通事項〕アは「…色や形などに気付くこと」（第1・2学年），「…形や色などの感じが分かること。」（第3・4学年），「…形や色などの造形的な特徴を理解すること。」（第5・6学年）であり，中学校では「ア 形や色彩，材料，光などの性質や，それらが感情にもたらす効果などを理解すること。」「イ 造形的な特徴などを基に，全体のイメージや作風[*2]などで捉えることを理解すること。」となっている。つまり，学習指導要領では造形的な視点をもつための「造形的な言語」や，それを基にしたイメージで捉える理解を「知識」として扱っており，一般的に使われている知識と異なっている。よってここでは一般的に使われている知識のことを，鑑賞を深める「情報」と呼び，区別している。

B 鑑賞の活動

　B鑑賞では「思考力，判断力，表現力等」を身につける学習と「知識」の習得をする活動が行われるが，A表現との関連，また，ねらいに応じた鑑賞とはどのようなものであろうか。

　往々にしてある教師の鑑賞活動の誤解は，制作の参考作品として提示する「制作のための鑑賞」活動である。わかりやすく言えば，ゴッホの作品を示し，ゴッホのように描いてみようとか，著名なポスターを掲示し，参考にしてポスターを制作しようなどである。そこにはすでに価値の定まったものを提示し，その価値に近づけるゴールが見えた

活動でしかない。

　学習者が自ら意味や価値を創り出していくためには，多様な作品を提示して「なぜ作者はこのような作風で表したのだろうか」と問うたり，ポスターでは「伝えたい内容に応じた造形的な工夫がどこに見られるだろうか」など，鑑賞活動の目的を十分に達成できる発問と指導が重要となる。そのような鑑賞の充実があって初めて表現における発想や構想において，学習者が自分としての意味や価値意識をもって制作に向かえるようになる。

　そのような意味では平成20（2008）年版学習指導要領からの「鑑賞と表現との関連を考えて鑑賞の指導を位置付けたり，」の意味を深く考えたい。例えば「授業に位置付けたり」では，制作のために参考作品を見るだけの活動に留まり，鑑賞活動で身につける能力が十分に獲得できないことも起こりうる。鑑賞活動では，〔共通事項〕に示す「知識」の習得と「思考力，判断力，表現力等」を育成するという，資質・能力の獲得を目指した学習活動を展開する指導を意識することが示されているのである。

批評と言語活動

　もうひとつ鑑賞で重視したい活動として批評がある。造形活動における批評は造形の言葉を使ったクリティカル・シンキング[*3]であり，美術における言語活動として子どもの発達に即して進化させていく必要がある。平成20（2008）年版の学習指導要領では「話したり，友人の話を聞いたり」（小学校第1・2学年），「話したり，友人と話し合ったり」（小学校第3・4・5・6学年），「説明し合う」（中学校第1学年），「批評し合うなどして」（中学校第2・3学年）と，鑑賞活動を深める学び方が示されているが，平成29（2017）年版ではそれらの対話的な活動は，全教科に関わる学び方として「主体的・対話的で深い学び」（いわゆるアクティブ・ラーニング）に集約され，学習指導要領の文言からは消

え，小学校では「指導計画の作成と内容の取扱い」，中学校は「各学年の内容の取扱い」に移行した。

　それまで図画工作・美術ではB鑑賞に位置づけられていた言語活動が，A表現についても掛かり，小学校では「…〔共通事項〕に示す事項を視点として，感じたことや思ったこと，考えたことなどを，話したり聞いたり話し合ったりする，言葉で整理するなどの言語活動を充実すること」。中学校では「…〔共通事項〕に示す事項を視点に…言葉で考えを整理したりすることや，作品などについて説明し合うなどして対象の見方や感じ方を広げるなどの言語活動の充実を図ること」（第1学年），「…〔共通事項〕に示す事項を視点に…作品などに対する自分の価値意識をもって批評し合うなどして対象の見方や感じ方を深めるなどの言語活動の充実を図ること」（第2・3学年）。そして高等学校においては，学習指導要領の解説に「価値意識をもって批評し合い討論する」と，小学校，中学校と積み重ねてきた言語活動が高校では美術において重要な創造活動につながっていくことがわかる。

　批評とは，事物の美点や欠点をあげて，その価値を検討，評価することであるが，鑑賞活動では美術作品などを批評することが目的ではなく，批評を作品鑑賞を深めていく手段として捉えたい。すなわち批評は「知識」である〔共通事項〕の造形的な視点や，作品について知り得た情報を活用しながら，他者や作品などとの対話を通して作品の価値を検討，評価し，新たな「知識」の獲得や，自分としての意味や価値を見出していく創造活動と受け取ることができる。よって高等学校では作品などを生み出す過程においても批評活動が重要となり，美術の表現活動を支えていく言語活動であることが理解できよう。

多様な鑑賞活動

　日々の授業では美術品に留まらず，日用雑貨を鑑賞するとか，制作途中の作品を鑑賞し合うとか，もちろん教科書掲載の作品を鑑賞し合

うなど，その機会は多い。このような実践に加え，近年は鑑賞活動の広がりにより多様な鑑賞実践が生まれている。

　例えばヴァーチャル・リアリティ（VR）により海外の美術館を訪れたり，教室にいながらタブレットなどを使って作品の世界に入り込むことができる。これらICT（Information and Communication Technology）の活用は物理的な制約を考えずに，仮想空間で作品に触れる機会を容易にしている。また現実空間では文化庁の芸術家の派遣事業などを活用することで，学校現場にアーティストが出向きワークショップなどを通して作者の考え方に触れたり，作品を見る体験もできるようになってきた。他には美術館が鑑賞キットなどを作成し貸し出したり，ワークシートの提供や，鑑賞教材を持って学校を訪れるアウトリーチ活動も以前に増して増えてきた。このような鑑賞の機会の増加に対し，学校現場ではそのようなリソースをいかに活用し鑑賞活動の充実を図るか，教師のコーディネート力が求められている。

　一方，このような特別な機会をつくらずとも，日常的に鑑賞活動を進めていける学びの場が学校にはあふれている。そのひとつは掲示や展示活動であり，学校の美的環境づくりとしても機能していく。例えば，ボランティアが学校を定期的に訪れ，生け花を飾る活動などは，授業と結びつけることで効果的な発展が可能となる。授業で制作した器に花を飾る，花を飾る背景に生徒作品を展示するなど，生活の中の美術という視点に立てば鑑賞活動は最も身近な美術になる。子どもたちが日常的に鑑賞する環境をつくるには，子どもたちの日常の中で意識せず行っている鑑賞の場面を教師が捉え，今まで見ていながら見えていなかったものに気づかせたり，価値を見出したりする「見ること」を意識化する場を日常生活の中に積極的につくり出す必要がある。

　作品の展示という観点からは，学習指導要領の「第4章 指導計画の作成と内容の取扱い」で「学校や地域の実態に応じて，校外においても生徒（児童）作品などの展示の機会を設けるなどすること。」が加わっ

た。この活動は開かれた教育課程という視点からも重要な活動になると考えられる。

　以上のように，美術で行う鑑賞活動は「見ること」を日常化させ見方や考え方を広げ深めていく学習である。私たちは「見ること」の能力を獲得することにより，美術作品の鑑賞に留まらず，今日の視覚情報社会において，与えられたものを批判的に捉え直し，よりよい価値を求め，美的な判断を下し，よりよく美しく生きようとする姿勢が身につくのである。

対話による鑑賞

　中央教育審議会答申[*4]において示された「主体的，対話的で深い学び」に対して，対話による鑑賞方法は対話スキルを身につける実践として優れていると言える。対話による鑑賞とは，学習者の作品を見て感じた個々の思いや考えを引き出し交流させていくファシリテーターの役割を教師が担い，学習者同士の作品の印象や価値意識の対話を通して，それまで気づかなかったよさや美しさ，また対象を見る視点などに気づかせていく主体的かつ能動的な活動である。このような対話は教師が日常的に子どもたちに問いかけをしている方法でもあり，例えば，問題解決の手段としてKJ法やバズ学習と同じブレーンストーミング的な要素を活動の中に見ることができる[*5]。

　この対話による鑑賞が注目されはじめた契機は「なぜこれがアートなの？」（水戸芸術館現代美術ギャラリー・川村記念美術館・豊田市美術館，1998-99年巡回[*6]）によるところが大きい。この展覧会の企画に携わったアメリア・アレナス[*7]はニューヨーク近代美術館（MoMA: The Museum of Modern

アメリア・アレナスのギャラリートーク
長野県東御市梅野記念絵画館 2007年

Art, New York）教育部時代に，マサチューセッツ美術大学のアビゲイル・ハウゼン教授と共同でVTC（Visual Thinking Curriculum[*8]）の開発に携わっている。「なぜこれがアートなの？」の展覧会と並行して，アレナス自身により，VTC理論に基づいた対話による鑑賞方法のレクチャーも行われた。この展覧会を契機に美術館の普及活動として広がりを見せ，徐々に学校の鑑賞活動の手法としても取り入れられていく。対話による鑑賞の特徴は，作品の解釈や価値が鑑賞者自身によってリアルタイムに創り替えられていく点にある。

　対話による鑑賞の楽しさはシンプルな活動展開でありながら，鑑賞者同士が対話を通して見ることを深めていく活動である。活動は「見る」「考える」「話す」「聞く」の4つの活動により構成されている。このプロセスはPISA型読解力の概念と同じであり，国際比較の中で日本人に不足している能力である。ちなみにPISA型読解力とは，「自らの目標を達成し，自らの知識と可能性を発達させ，効果的に社会に参加するために，書かれたテキストを理解し，利用し，熟考する能力」である[*9]。鑑賞活動にあてはめてみると，自分としてのよりよい意味や価値を獲得すべく，絵や彫刻作品など（非連続型テキスト）を見て，何が描かれているか，何を表しているか自分なりに解釈し，熟考し，自分の考えをまとめ他者に伝えることである。学習指導要領に照らし合わせれば「思考力，判断力，表現力等」そのものである。しかしこのような手法も形骸化すると問題が生まれるから留意したい。例えば，対話することが目的となり鑑賞活動の本質に到達できないまま「子ども同士で対話できたからよかった」とか，造形的な視点をおさえずに，作品に描かれた内容から好きなように物語を作って終わる，本来の美術科としての鑑賞活動のねらいから逸脱した活動で終わる事例も多い。

　アレナス自身が「この鑑賞方法はメソッドだけど，メソッドにしないでほしい」と言っているが，そこには安易に型にはめて鑑賞活動としてしまう「型の指導」の問題が見えてくる。

旅するムサビ

　鑑賞者との対話を通して鑑賞を深める活動で，作者との交流を取り入れた活動に「旅するムサビ」の鑑賞ワークショップがある。この活動は，学生が自作品を学校の授業に持ち込み，児童・生徒と対話をしながら鑑の授業を行う取り組みで，平成20（2008）年より始まり，全国27都道府県で350回を超えて行われた（2019年現在）。この活動の特徴は，学生が2人1組になり，1人がファシリテーターとして，もう1人の学生作品を子どもたちとの対話を通して鑑賞していく。ある程度感想や意見が出尽くした頃を見計らって作者の学生を登場させ，子どもたちの意見に対して応えたり，制作意図などを語る。子どもたちは作者が登場するとは知らずに発言をしていたので，作者の登場に驚くとともに，自分たちの疑問が作者によって解決できるものと期待し，作者の話を聞く。作者によってもたらされた作品や制作時の情報，作者の考えは，子どもたちにとって主体的に作品鑑賞を深めていくための新たな情報として活用され，作品や作者に対する興味が一層増すとともに鑑賞がより深まっていく。この様子は下図に示したⅠからⅣの4段階の構造と同じである。

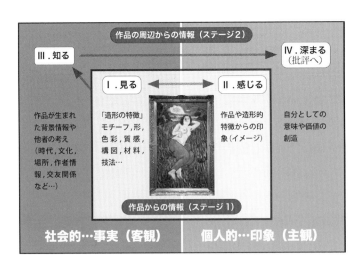

活動当初，作者登場の弊害として，作者の言葉は子どもたちの感想の答え合わせになってしまうのではないかと懸念したが，結果は全く反対で，子どもたちは作者の考えを取り入れ，一人一人が作品について自分の納得解を見つける主体的な鑑賞活動になっていった。そして鑑賞を通して浮かんだ疑問を直接作者に聞くことができる環境に，学びに向かう力が発揮され，子どもたちを受け身ではない主体的な鑑賞に導いていった。作者の発言は，あくまでも子どもたちにとって作品を解釈する上で，作者から聞けるリアルな情報のひとつとして扱われ（前図のⅢ），作品に対しての批評活動が子どもたち一人一人の中で深化していくのである。この活動は作品を提供する学生にとっても作品に対するストレートな感想を得られる機会として大いに学べる機会となっている。この活動場面では作品との対話，ファシリテーターとの対話，友達との対話，作者との対話の4つの対話が起きている。

様々な鑑賞プログラム
①アート・ゲーム
　日本では花札やカルタがカードゲームとして安土桃山時代から楽しまれてきた。ポルトガルから入ってきたカードゲームが起源である。中でも花札は，日本の四季を折々の植物と動物の意匠でまとめた美しいカードである。その遊び方は多様で，色や形に意味をもたせ，その組み合わせでいくつもの遊びをつくり出すことができ，地方により様々なルールが存在している。子どもたちは花札などの遊びに興じる中で，日本的な意匠の美しさを自然に身につけていく。
　このようなゲーム性のある鑑賞ツールとしてにわかに脚光を浴びてきたものがアート・ゲームである。アート・ゲームは1980年前後にアメリカで開発された。
　このアート・ゲームについて，ふじえみつるは，論文「アート・ゲームについて[10]」の中で，「カッターは美術教育のカリキュラム

開発の一環として各種のアート・ゲームを開発した（中略）その論文（Katter, 1988）では，アート・ゲーム開発のガイド・ラインについても提案している」と述べ，ハーウィッツ[*11]と，チャップマン[*12]など6名の事例も紹介している。

　今日，特に美術館を中心に学校現場でも行われているアート・ゲームはこれらの考え方や手法をもとに参加者の実態に合わせてアレンジを重ねてきたものと言える。

　日本では滋賀県立近代美術館が1996年から実践を重ね，日本におけるアート・ゲームの普及に貢献している。このアート・ゲームの魅力は，どこでも，誰でも，美術の知識がなくても楽しめる鑑賞ツールであることと，楽しく遊びながら美術作品に興味をもち，作品を見る様々な視点を学んでいけるところにある。

　鑑賞教材としてアート・ゲームを導入する場合，いくつかの留意点がある。ひとつは学習活動としてのアート・ゲームではカードが教材となる。よって学習の目的を明確にする必要がある。特にアート・ゲームに関しては，ゲーム性が強くなればなるほど，勝ち負けのスリル感に心が奪われ，学習のねらいが霞んでしまう。まずは目の前にあるカードを使って，子どもたちにどのような造形的な理解や，描かれている色や形，そこから生じるイメージを活用しながらゲームに沿った判断をしていくか考える必要がある。次に重要なのは，ゲームの

テーマにそったカードを選ぶ「展覧会づくり」
（中学校）

カードをもとに俳句をつくる「どの句がいい?」
（小学校）

ルールを考えることである。これは学習目的に照らし合わせた題材開発につながる。すでにあるルールを使って展開する際も，児童・生徒の実態を踏まえ，よりよい教育効果を考えてルール等をアレンジする必要がある。

　アートカードの使い方としてはゲーム性をもたせた学習から，テーマに沿って好きなカードを複数枚選んで展覧会の構想を練る取り組みや，気に入った1枚から詩や短歌などを書く取り組み，そして表現活動における発想や技法のアイデアカードとしても使える。

　多様な作品が掲載されているアートカードは，子どもたちの絵を見る活動をより身近で日常的な活動につなげていくことができる。今日では多くの美術館でカードを制作したり，教材会社が教材として開発したりしているので美術室に揃えておきたい。

②比較分析

　造形的な視点をより明確に学ぶ方法として比較鑑賞がある。比較させたい内容をもつ複数の作品を提示し，作品の共通点や相違点などを多様な視点から議論していく鑑賞である。学習者は目の前にある視覚情報を読み取りながら鑑賞を深めていく。この手法も対話による鑑賞と同じで，学習者の発見や気づきをつないで鑑賞を深めていく教師のファシリテーターとしての技量が求められる。つまり，学ばせたいポイントをおさえ，学習者自身に気づかせ，発見させ，それらを言語化することで知識を定着させていく対話の技術が必要である。もちろん鑑賞を通して派生していく様々な見方や作品自身を味わうことは重要であるが，比較するという活動自体が分析的な見方を必要とするものであり，「知識」の習得に向いている活動と言えよう。「知識」とは，この場合〔共通事項〕に示された色彩や形などの造形要素のもつ働きに関する「知識」と，それらが創り出すイメージの読み取りに関する学びであり，小学校高学年以降に向いた題材と言えよう。

③模写

　作品の模写は制作の追体験をすることで，より実感的に作者の工夫や表現の技能，そして思いに気づいていく学びの手法である。この場合，鑑賞の活動においては単に作品を写し取ることを目的とするのではなく，常に作者の思いや考え，工夫などを想像しながら模写に取り組む必要がある。その点では美術の専門教育で行われる技法習得のための模写とは区別したい。模写については表現の活動と区別しにくい点があるが，「A 表現」は表したいと思う気持ち（主題＝表したいことを心の中で強く思い描くこと）が重要であり，それに対して好きな作品を模写するような題材では，描くという活動を通して作品を分析したり，味わったりする活動に近く，「B 鑑賞」の活動として位置づけられよう。授業時間数から考えると，高等学校での題材と言える。

④展示活動

　展示に関しては多くの場合，教師主導で行っていると思われる。作品展示を生徒の主体的な鑑賞活動として位置づけると，今までにない学びが展開できる。例えば，生活の中の美術を意識する学習が求められているが，展示活動は作品を鑑賞する環境づくりとして，どのように展示したら作品の魅力を見る人に伝えられるかを考える活動であり，そのこと自体が作品の鑑賞を十分に深め，理解し，よさや美しさなどを伝える活動となる。

　また，展示は伝えるという目的をもった時点でデザインとしての学習も加味されてくる。展示する場所を検討するとか，立体作品ならば展示する台や作品を置く角度や位置，見やすさなどを考える様々な学びが考えられる。その際〔共通事項〕の学びを意識し，飾る位置や背景，場所の工夫など，作品と背景との関係性について気づき，展示する環境と一体化した作品鑑賞が行われるように取り組みたい。そして生活を豊かにつくり出すという意識をもって，生活とともにある美術につ

いて実感させたい。このような展示活動は学校環境に潤いを与えたり，多様な生徒作品の展示によって個々の生徒理解が深まったり，そのことが一人一人を認め合う寛容な気持ちの育成につながったり，下の学年にとっては学習の目標にもなり得る。

⑤美術館との連携

　美術館との連携においては近年様々な事例が報告されている。美術館のウェブサイトなどでも多様な活動が紹介されているので参考にしてほしい。ここでは具体的な事例ではなく連携の考え方を述べたい。筆者も県立美術館で教育普及を担当した経験があるが，まず重要な点は，美術館は社会教育機関としてのミッションがあり，学校は学校教育機関としての目的があることを相互に理解することが必要である。さらに「連携」は「活用」とは違い，双方向的なコミュニケーションが必要で互いにメリットがないと成立しない。いわゆる協働（コラボレーション）で子どもたちにとって必要な学びを創り上げるという共通認識が何より重要である。

　薦められない事例として，総合的な学習の時間で美術館を訪問するので学芸員に作品解説をお願いするというような，学校の都合を一方的に押しつける活用がある。学芸員は学校の教育方針や学習指導要領に基づき作品鑑賞の案内をするとは限らない。つまり，授業は教員が

子どもたちと対話を介したギャラリートーク
（埼玉県立近代美術館）

美術館を活用した鑑賞教育の充実のための
指導者研修（東京国立近代美術館）

責任をもってつくる責任がある。美術館のアウトリーチプログラムを利用する場合も，事前に学芸員と相談し協働でプログラムの検討が必要となる。美術館との連携は，学芸員がもつ知識とノウハウ，美術教師が考える教育目的や指導力が一体化して初めてよい授業が生まれ「連携」になるのである。それは学芸員にとっても経験やプログラムをよりよいものに更新していくメリットになる。

　美術館との連携は，連携を通して学芸員，教師がともに学ぶという協働ならではの成果があり，よい連携は教師にとっても学芸員にとっても大きな財産になっていくのである。電話一本から始まる，「子どもたちに何を学ばせたいかという学芸員との相談」が連携のスタートとなることを肝に銘じたい。

（三澤一実／武蔵野美術大学）

＊註

1 —— IoT 社会とは，Internet of Things（モノのインターネット）により様々なモノがインターネットにつながり，情報交換し，相互に制御していく社会。

2 —— 作品の色彩や形などの造形的な要素や，作品の描き方などがつくり出す特徴ある風合い。

3 —— クリティカルシンキングとは，「最適解」を導き出すために，目の前にある事象や情報を鵜呑みにせず，「それは本当に正しいのか」という批判的な見方で，熟考すること。

4 —— 中央教育審議会「幼稚園，小学校，中学校，高等学校及び特別支援学校の学習指導要領の改善及び必要な方策等について（答申）」2016 年 12 月 21 日。

5 —— KJ法とは，文化人類学者川喜田二郎（東京工業大学名誉教授）がデータをまとめるために考案した手法。データをカードに記述し，カードをグループごとにまとめて考えをまとめていく手法。グループワークなどにも活用。
バズ学習とは，学級を小グループに分けて，話し合いによりながら学習を進めていく方法。その様子が蜂の巣をたたいた際の蜂のブンブン騒ぐ様子（buzz）に似ているためこの名がつけられた。
ブレーンストーミングは，ある話題に対して既成概念にとらわれず自由奔放にアイデアを出し合う会議形式。

6 —— アメリア・アレナス監修の展覧会。アート作品を見るとはどのようなことかを考えたり，体験できる仕掛けを盛り込み，例えば作品にキャプションをつけず，誰もが共有できる具体的なイメージ，色や形や対象といった要素を美術史的な知識より優先させて，自らの気持ちや思考を働かせ作品を味わうことに取り組んだ。

7 ── アメリア・アレナス(Arenas, Amelia). 1956年ベネズエラ生まれ。84-96年ニューヨーク近代美術館教育部の講師として活動。同館がニューヨーク市の公立小学校の教師75名と児童約3,500名を対象に, 5年の歳月をかけて体系化した「視覚を用いて考えるためのカリキュラム(VTC)」の制作に参加した(註9参照)。

8 ── VTC (Visual Thinking Curriculum) は, 1980年代後半にニューヨーク近代美術館で開発された鑑賞教育の方法。作品を見て発見したことや考えたことなどを鑑賞者同士で対話しながら作品を読み解いていく鑑賞方法。

9 ── 文部科学省, 用語解説「PISA2003」。

10─ ふじえみつる「アート・ゲームについて(1) What is "Art Games" for Art Education」愛知教育大学研究報告第47輯 ,1998年, pp.143-151

11─ 「アル・ハーウィッツは, 共書『視るよろこび(Joyous Vision)』(Hurwitz, 1977) と共著『子どもとその美術(Children and their art)』(Hurwitz, 1996) の中でさまざまなアート・ゲームを紹介している。」ふじえみつる, 前掲論文。

12─ 「彼女の編集した教師用指導書『美術を教える(Teaching Art)』(Chapman, 1988) には, ハガキ大の複製図版やアート・ゲーム関連の教材が含まれている。」ふじえみつる, 前掲論文。

第4節　授業資料・副教材

ワークシートとは

　ワークシート（work sheet）とは，広辞苑によると「①練習問題や書込み欄などを設けた，学習用の印刷物。②コンピューターの表計算ソフトの，碁盤の目状に区切られた作業画面。」とあるが，ここでは①の学習活動で使用される記入式の印刷物のことを言う。

　図画工作科，美術科，芸術科（美術，工芸）の学習では，学習指導要領（平成29年告示）において「造形的なものの見方・考え方」を働かせながら「主体的・対話的で深い学び」（アクティブ・ラーニング）の視点で学習過程の改善を推進することが示されているが，ワークシートは，このような観点から，児童生徒（以下生徒）が主体的で対話的に深く学ぶための活動を効果的にサポートする副教材の一つである。学習過程の様々な段階でワークシートを活用した指導が考えられる。

ワークシートの目的

　教師が指導計画を立てる段階で，題材のねらいに沿って生徒の学びが主体的に行えるよう，生徒の活動場面を予想し，支援できるようなワークシートを，指導計画と併せて作成できるとよい。ワークシートの目的には以下のようなものが考えられる。

①生徒個々の制作ペースの保障

　ワークシートは，個人やグループ活動において，個々の活動のペースを保障することができる。美術の授業では，主題を決定するのが早い生徒もいれば，あれやこれやと試行錯誤し，じっくり進める生徒等，個人差があり，一人一人が安心して自分のペースで活動ができるような授業でなければならない。しかし，授業はクラス単位で限られた時

間数で学習を進めることが多く，そのバランスが難しい。生徒の個々のペースと全体の活動の両方を担保するものとしてワークシートは効果的である。生徒が自分でワークシートを進めながら，授業全体の内容を理解し，活動を行うことができる。

②アクティブ・ラーニングの視点に立った授業改善

　表現や鑑賞の活動を通して，生徒が「造形的なものの見方・考え方」を働かせながらアクティブ・ラーニングの実現に向けた授業改善を具体的に実現するためには，ワークシートの活用が有効な方法の一つである。ワークシートに記入しながら段階を踏んで考えを整理して進め，自分のイメージをアイデアスケッチや図等で視覚的に考えるようにして，自分の考えを他者に説明する力を養うことができる。互いにイラストやアイデアスケッチなどを使い，自分の考えを話したり，仲間の意見を聞いたりして進めていくことで，造形的なものの見方，考え方を育むことができる。

③全体指導と個別指導の充実

　制作段階では，教師は教室を回りながら全体指導と個別指導を行う。そのバランスは熟練した教師であっても，なかなか難しい。個別指導を行っていると全体に目が行き渡らないことがあったり，全体指導を行っていると，個の指導に目が行き届かないことがあったりする。積極的に相談に来る生徒に対しては時間をかけるが，物静かで消極的な生徒の指導は疎かになってしまうこともある。ワークシートを活用することで，全体指導と個別指導のバランスをとることができる。例えば，ワークシートを使用し，生徒全員と短時間面接をすることで，主題について話し合ったり，個々の生徒の迷いを把握したりして，適切なアドバイスをすることができる。教師が生徒の個別指導を充実させることは，クラス全体の指導の充実にもつながる。

また，共同制作で使用するワークシートは，グループの話し合いの
過程を記録して共有したり，鑑賞会などの場面で，自分たちの考えを
整理して発表したりすることにも役立つ。

④発想や構想段階のサポート

　①②③で述べた通りワークシートは，発想や構想段階の指導のサ
ポートに，特に効果的である。通常の授業では，導入後，生徒が文章
やアイデアスケッチ等で構想を練るが，この段階が苦手な生徒の中
には，何を表現したいのか思いつくことが難しく，アイデアスケッチ
以前のイメージを明確にすることができずにいる生徒もいる。この
段階で迷ってしまうと，考えたり構想を練ったりすることが「面倒臭
い」「苦手」と感じてしまいかねない。より丁寧な個別指導が必要であ
る。しかし，現実的には，なかなか十分な時間を充てることができな
い場合もある。このような課題に対して，ワークシートは教師の発想
構想段階の指導に活用できる。生徒の実態に応じて，アイデアのきっ
かけになるような簡単な質問に答えながら進めたり，自分の考えを整
理したり，まとめたりしてステップを踏みながら少しずつ自分なりの
イメージを明確にし，視覚的に表現できるようにするワークシートを
教師自身が作成できるとよい。

ワークシートの事例紹介

　ここでは，授業の展開ごとに7つに分類してワークシートの事例を
紹介する。

①導入（鑑賞，目標の明確化）

　各題材の導入段階のワークシートは，題材の目標や内容を理解し，
学習意欲を高めるため，参考になる芸術作品，生徒作品の紹介や，資
料の提示，進度計画の把握などが考えられる。ワークシートを使って

実際に手を動かしたり，試しながら考えたりするワークシートを工夫できるとよい（独立した鑑賞の学習については⑥鑑賞で触れる）。

● 自分のマークを作ろう（1）

　普段自分たちの身近にある雑誌や印刷物を持ちより，ページの中にあるマークを探し出して切り抜き，ワークシートに貼っていくようにする。日常生活の中で，普段何気なく見過ごしていたマークに注目し，改めてマークの働きについて考えたり，デザインのよさを味わったりできるような方法を工夫している（図1a）。

② 知識・技能

　基礎，基本としての知識や技能を指導する段階において，ワークシートを活用する教師は多い。

● 光と影で形を表す

　鉛筆についての基礎知識や，安全に鉛筆を削る方法，鉛筆の表現技

図1a　「自分のマークを作ろう」

図1b　同左

法を工夫する等の知識や技能の指導に活用する。また，鉛筆でグラデーションやタッチの練習をしながら技能を習得する。同様の内容の市販ワークシート等もあるが，生徒の実態や，指導計画全体を見据えて，教師が自作することが望ましい（図2ab）。

③発想・構想

　「ワークシートの目的」でも述べた通り，特に生徒の発想や構想段階のサポートにワークシートは効果的であり，指導のねらいを明確にできるような内容を工夫するとよい。

●自我像

　自分の内面を表現する題材として「自画像」ではなく，「自我像」という題材名を付けている。発想段階において，自分の好きな言葉，食べ物，音楽，スポーツ，趣味等，答えやすい内容について書き出してみることで，自分の個性，特徴について気づくヒントにしたり，表したい想いについて明確にしたりする。これをもとに，主題や構想を視覚的

図2a　「光と影で形を表す」　　　図2b　同左

にアイデアスケッチなどで表すことができるようにしている（図3ab）。

● **BOX ART**

　小さな箱に詰めたガラスの破片，鳥の羽，小石，貝殻……それが見た人にどのような印象を与えるのかを連想して書き込み，アイデアを練る最初のステップとして，素材そのもののもつイメージについて考え，自分の表現にふさわしい素材を選択するための参考にする（図4ab）。

● **自分のマークを作ろう（2）**

　導入段階での鑑賞に続き，発想段階の学習を充実させるため，アイデアスケッチの枠を複数設け，生徒が多角的な視点から複数のアイデアスケッチを考えられるようにしている。その中から表現したいスケッチを選択して制作する（図1b）。

④計画（記録）

　題材のはじめに生徒自身が進度計画を把握することは，主体的な学習を進めるうえで重要である。通常，制作記録カード（図6），鑑賞記録

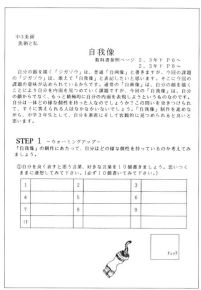

図3a　「自我像」

図3b　同左

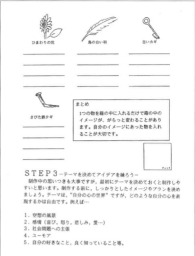

図4a 「BOX ART」　　　　　図4b 同左

カード等を作成し，題材ごとに記入しながら生徒の学びの過程を記録
していき，生徒自身が見通しをもって進めて行けるようにする。この
ような記録カードで，題材の目標や，授業ごとのコメントを記録した
り，作品完成後の振り返りを行ったりする。

●木彫アルバム（1）

　木彫アルバムの制作は，アイデアスケッチ，彫り，仕上げ・組み立
て等の段階があり，計画的に制作するために，段階ごとに授業日程を
書き込み，生徒が自分で見通しをもって授業が進められるようにして
いる（図5a）。

⑤制作段階

　制作方法や手順，技法などの具体的な説明もワークシートに盛り込
むようにするとよい。ワークシートで示すことにより，生徒が自分の
進度に合わせてワークシートで確認しながら制作することができる。

図5a　「木彫アルバム」

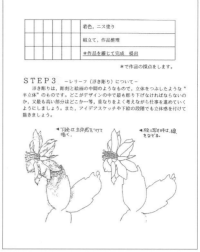

図5b　同左

●木彫アルバム（2）

　木彫アルバムの進度計画と合わせて，段階ごとの制作方法や，デザインしたものをレリーフにしていく方法を説明している（図5b）。

⑥鑑賞（独立した鑑賞の授業）

　鑑賞については，学習指導要領の指導計画の作成と内容の取扱いの中で「美術館や博物館と連携を図ったり，それらの施設や文化財などを積極的に活用したりする」（中学校美術科）とあり，授業においては，独立した鑑賞の時間を適切に設けたりするなど指導計画を工夫するように示されている。鑑賞の授業で使用するワークシートについては，美術館学芸員と教師が連携して作成したワークシートなどの事例も多数あり，研究が進んでいる。

　通常の教室で行われる独立した鑑賞の時間では，ワークシートをもとにグループや個人で作品を見て感じたことや，考えたことをもとに話し合ったり（対話型鑑賞），作品の題名を考えたり，登場人物の気持

ちになってワークシートに印刷した吹き出しにセリフを書き込んだりする等，鑑賞方法を工夫して行い，それをもとに全体で発表し合うような方法も考えられる。また，地域の実態に応じて，通信類等で生徒が自主的に美術館鑑賞に行けるような情報提供を行うのも保護者の理解が得られやすく，効果的である。

⑦振り返り，評価

生徒の振り返りや評価に関するワークシートは，表現や鑑賞活動のカルテとして制作記録カード（図6），鑑賞記録カード等があり，進度計画と関連づけて作成し，授業計画や自己評価，相互評価に活用している教師は多い。ワークシートを使い，題材の目標を生徒自身が確認しながら進め，授業の終わりに振り返りや評価に活用する。

ワークシートは，今後の課題に活かすための記録であり，生徒が自分の成長を実感するための資料でもある。教師からの励ましやコメントを添え返却することで，生徒の学習意欲が一層高まり，自信につながる。このようにワークシートを活用した振り返りや評価は，教師と生徒のコミュニケーションツールでもある。

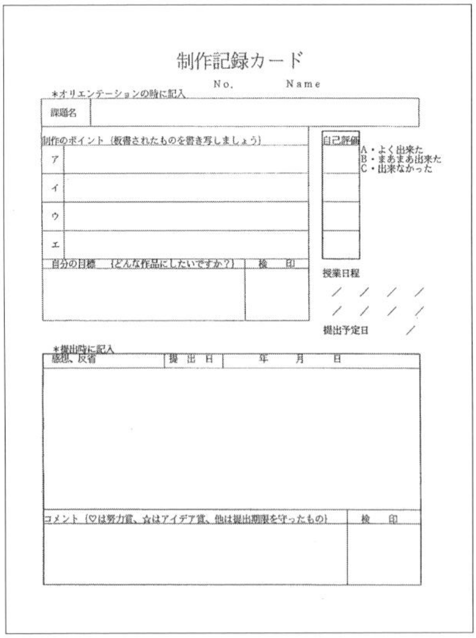
制作記録カード
No.　Name
＊オリエンテーションの時に記入
課題名
制作のポイント（板書されたものを書き写しましょう）
ア
イ
ウ
エ
自己評価
A・よく出来た
B・まあまあ出来た
C・出来なかった
自分の目標（どんな作品にしたいですか？）　検印
授業日程
／　／　／　／
／　／　／　／
提出予定日　／
＊提出時に記入
感想、反省　提出日　年　月　日
コメント（♡は努力賞、☆はアイデア賞、他は提出期限を守ったもの）　検印

図6 「制作記録カード」

通信類

　学習指導要領（平成29年告示）では，「社会に開かれた教育課程」の実現を目指し，学校が家庭，地域の関係者と幅広く共有できるような「カリキュラム・マネジメント」の実現を目指すと示されている。このような観点からも，保護者や地域と学校が連携・協働して生徒の教育に当たることは，今後ますます重要となってくる。

　学校経営の観点からは，以前より行われている保護者会や授業参観，作品展や運動会等の学校行事への保護者の直接参加以外に，日常的な通信手段として，学校通信，学年通信，学級通信，教科通信等〔図7〕が配布されている。教科通信は，教科の目標や指導計画，生徒の学習状況などを知らせる等，生徒や保護者への教科活動の理解に役立つ方法の一つである。

　生徒への調査では「美術の学習が好きだ」に対して，肯定的な回答の割合は70.9％であるが，「美術の学習をすれば，ふだんの生活や社会に出て役立つ」に対して肯定的な回答の割合は39.8％であり，「美術の

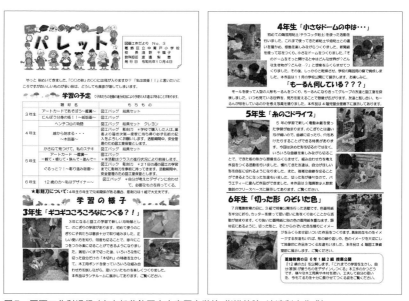

図7　図画工作科通信（東京都葛飾区立中青戸小学校　指導教諭　渡邊梨恵作成）

学習が好きだ」に対しての肯定的な回答の割合より30ポイント以上低い（平成25年度学習指導要領実施状況調査 中学校美術 生徒質問紙調査）。このことからも，日頃より教科通信などを通して，生徒や保護者に美術への関心を高め，美術と社会のつながりを説明することは特に重要である。

　また，保護者対象の調査では，学校への満足度の質問で「学校からの情報を保護者に伝えること」の項目では，満足していると答えているのは46.3％（中学校）で，半数以上がもっと情報が必要であると感じている（平成17年実施「義務教育に関する意識調査」文部科学省）。教科の意義や評価について，保護者に，より丁寧に説明することが求められている。また，学校外での生活で，保護者が家庭教育で心がけていることとして「美術館や博物館に連れていく」という項目は調査項目中最下位であった（中学生保護者26.8％）。しかし，学校に何を求めているかという項目では「絵をかいたり，音楽を聞いたりして楽しむ力」（中学生保護者69.8％），「新しいものを生み出す創造的な力」（小中学生保護者80.6％）など，いずれも保護者の期待感は高い。通信類を通して美術に対する関心を高め，保護者を巻き込んだ教科指導が，今後の在り方の観点からも重要である。

● **CARI美an（カリビアン）**

　大学との連携事例。美大生（武蔵野美術大学）が中高生（カリタス女子中学高等学校）に美術を身近に感じてもらうことをねらいにフリーペーパー「CARI美an」を作成，全校生徒に配布

図8　「CARI美an」第26号（2019年1月）

している（図8）。

展示

　中学校学習指導要領美術編「指導計画の作成と内容の取扱い」では，「生徒が鑑賞に親しむことができるよう，校内の適切な場所に鑑賞作品などを展示するとともに，学校や地域の実態に応じて，校外においても生徒作品などの展示の機会を設けるなどすること。」とある。多くの教師が，様々な場所や方法を工夫して生徒作品の展示を行っている。

①美術室前，美術室内

　生徒作品の展示は，一般的に美術室や各クラスの教室前に展示されることが多い。題材ごとに生徒の作品を展示して，互いの作品を鑑賞し合うことは，異学年の生徒同士の交流にもつながる。また，授業内で十分な鑑賞の時間が取れない場合など，学習後の題材のまとめにもなる。生徒作品の展示を積極的に行い，楽しく鑑賞できるような工夫をするとよい。また，美術室前は美術の授業のインフォメーションコーナーとしての役割もある。学校によっては，校内の適切な場所に連絡用電子掲示板等を設置している学校もあるが，美術室前に「インフォメーションボード」を設置し，生徒への連絡に活用するのも効果的である。

　美術室内では，授業で活用できるような学習の参考資料や作品を展示することが多い。展覧会のポスターも生徒たちへの情報提供になるとともに，ポスター自体が鑑賞の資料にもなる。このような視点から近隣の展覧会案内だけでなく，様々な美術館情報を掲示することも望ましい。

　美術室前や美術室内の展示は，生徒の造形活動の拠点として，情報発信の場として工夫できるとよい。

②校内

　美術室前だけでなく，校内の様々な場所に生徒作品を展示すること
も効果的である。校内の環境整備の視点からも受け入れられやすく，
また，他教科の教師や学校を訪れる人の目に触れるような場所に展示
することで，美術教師以外の教員や学校を訪れる人に関心をもっても
らえたり，美術の学習内容を知ってもらえる機会にもなる。生徒は，
美術以外の教師や大人に作品を認められると，さらに自信をもつこと
ができる。

③地域

　地域の実態に応じて，美術館や博物館，施設や商店街などと連携し，
生徒作品を展示する実践例が多く見られるようになった。このような
取り組みは，校内展示から更に発展し，より一層の効果を上げること
ができる。地域の人々が生徒の作品に関心をもち，温かく見守ってく
れたり，励ましを受けたり，学校の活動に対する理解を深めたりする
ことにもつながる。美術教師は，生徒と社会をつなぐ役割を担い，社
会に開かれた美術の学習ができるような企画力や地域の人脈作りも求
められる。そのためには，美術教師自身が積極的に地域と関わり，日
常的に地域の様々な人と触れ合い，理解し合えるような付き合いも大
切である（第4章参照）。

その他の副教材

　美術の授業で使用する副教材は，生徒の実態を踏まえ，時代の変化
を取り入れたものと，変化に流されず大切にしていきたいものがある。
これからの時代はAI（人工知能）技術の発達により，時代が大きく変革
する社会が予想される中，美術の表現も生徒の生活の変化に柔軟に対
応していく必要がある。一方，どのような時代であっても，人間本来
の諸感覚を高め，感性や情操を豊かにする教育はますます重要になっ

てくる。そのために有効な副教材は，時代の変化にかかわらず引き継がれていく必要があり，変化に対応したものとのバランスが大切になってくる。以下は，両方の側面をもつ副教材の一例を紹介する。いずれにしろ副教材は，生徒の実態に合わせて教師の柔軟なアイデアで開発できるとよい。

①視聴覚，OHP機器等
　中学校学習指導要領「2 内容」の〔共通事項〕において「ア 形や色彩，材料，光などの性質や，それらが感情にもたらす効果などを理解すること。」とあり，光を題材とする実践が今後ますます多くなることと思われる。光を扱う授業では光源が必要となるが，自然光，LEDライト，照明器具などとともに，古くからある学校備品のOHP（overhead projector）も，魅力的な副教材の一つと言えるが，最近では新たな視聴覚機器に取って代わり，あまり見られなくなった。しかし，光源としてOHPを利用するなど，本来の使い方を発展させた魅力的な題材が考えられる。
　また，「指導計画の作成と内容の取扱い 2 (3)」において「イ 美術の表現の可能性を広げるために，写真・ビデオ・コンピュータ等の映像メディアの積極的な活用を図るようにすること。」とあり，学校では，写真やビデオ，アニメーション，ピクシレーション，ライトドローイングなど映像メディア表現が題材として扱われることが多くなっているが，これらの表現においても最新の機材がなければできないというわけではない。デジタルカメラやビデオ，また，感光紙（コピアートペーパー）なども教師の工夫次第で生徒たちの表現意欲を刺激する単純で素晴らしい副教材となる。学校や身近な生活の中にあるものを新たな目で見直し，教師の創意工夫で魅力的な副教材を開発できるとよい。

②画集，参考図書，コンピュータ，美術史年表，色彩掛図等

　前項「①美術室前，美術室内」の展示とともに，美術室内の環境構成として生徒の知識，技能，発想や構想をサポートするため，コンピュータや画集，参考図書などを自由に利用できるようなコーナーを設けるようにするとよい。美術史年表や色彩掛図等も日常的に展示し，生徒が自然と目にすることで，取り組んでいる題材と関連付けて参考にすることができる。

③素材コーナー

　素材コーナーを副教材の範囲として捉えるかは迷うところでもあるが，生徒に素材のヒントを与えたり，制作意欲を刺激したりするといった観点で，重要な環境教材の一つと言える。イタリアのレッジョ・エミリア・アプローチには，レミダ[*1]と呼ばれるリサイクルセンターがある。ここでは，教師が子供たちに必要な素材を選んで，持ち帰ることができるシステムができている。日本には，このようなシステムを公的に取り入れている実践報告は少ない。現在は，教師の個人的な情報で，地域のいろいろな工場や工房などから廃材を譲ってもらったり，保護者に呼びかけて集めたりしている。これらの素材を，分類，管理し，学校や美術室の状況に応じて適切な場所に素材コーナー（置き場）を設置し，生徒の表現に活用できる環境を準備することは大切であろう。

④インターネット，ICT活用

　美術の授業でコンピュータを活用した授業実践例は多く見られるようになってきた。描画ソフトを使った絵画やデザインの授業など，生徒の関心も高く，魅力的な題材である。また，最近では，学校教育をICTで支援する様々なクラウドサービスも開発されている。ICTを活用すれば，生徒や保護者への連絡や面談，授業，自学自習等，学校生活

全体に活かすことができる。すでに，幼稚園や保育園，小学校，中学校，高等学校など，多くの教育現場で三者のコミュニケーションに活用され始めている。美術の授業でも，新しい活用方法が研究されていくものと思われる。ICTを活用して，教科通信なども容易に作成し，配信することもでき，保護者への美術に対する理解を深めることにも役立つ。また，保護者が参加できるような美術の授業等，題材開発においても今までできなかったことができるようになり，ICT活用は新しくて魅力的な題材開発ができる副教材の一つと考えることができる。

（北沢昌代／聖徳大学短期大学部）

＊註

1 —— イタリアのボローニャの西北西にあるレッジョ・エミリア市には，「レミダ」と呼ばれるリサイクルセンターがあり，幼児教育で世界中から注目されている。「レミダ」は市と協同で運営される公立の非営利団体で，ここに集められた素材は市の乳児保育所と幼児学校に配布され，子どもたちの創造的活動を支える機関として機能している。また，学校・教育関係者であれば，年間パスを買うことで，必要に応じた量を自由に持ち帰り，表現活動に利用できるシステムになっている。http://www.remidabologna.it/en/

第 3 章　学びの見える授業実践

第1節　授業実践の展開

　平成29年及び平成30年の学習指導要領改訂によって，これからの授業実践はどのように変化するのであろうか。平成28年12月中央教育審議会答申「幼稚園，小学校，中学校，高等学校及び特別支援学校の学習指導要領等の改善及び必要な方策等について」における改訂の方向性や具体策の中で，特に授業実践に関わるもののひとつに「教育課程を軸に学校教育の改善・充実の好環境を生み出す『カリキュラム・マネジメント』の実現」がある。そして，その根底にある「社会に開かれた教育課程」の実現を通じた必要とされる資質・能力の育成という視点から「カリキュラム・マネジメント」には三つの側面があるとしている。

　①各教科等の教育内容を相互の関係で捉え，学校教育目標を踏まえた教科等横断的な視点で，その目標の達成に必要な教育の内容を組織的に配列していくこと。

　②教育内容の質の向上に向けて，子供たちの姿や地域の現状等に関する調査や各種データ等に基づき，教育課程を編成し，実施し，評価して改善を図る一連のPDCAサイクルを確立すること。

　③教育内容と，教育活動に必要な人的・物的資源等を，地域等の外部の資源も含めて活用しながら効果的に組み合わせること。

　これらのことを要約するならば，子どもたちの変化，地域の変化を踏まえ，新たな教育資源を開発する中で，教育課程全体及び授業実践を絶えず検討する動きを学校に生み出そうとするものである。そこには全教職員による学校のグランドデザインの策定という視点もあるが，各教職員の授業実践の展開においても求められるところである。

　次ページの図（筆者作成）は授業実践におけるPDCAサイクルを示したものである。図の左側，題材（単元）の基になる児童生徒の状況と教

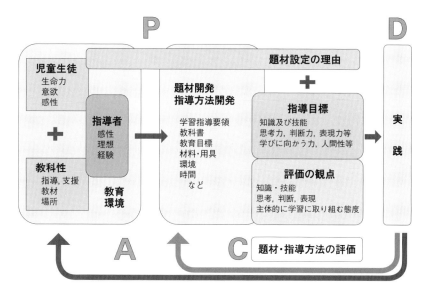

授業実践におけるPDCAサイクル

科性から始まり，学習指導計画の作成，実践そして題材や指導方法の
評価や検討を経由して，最初に戻ることを示している。

　この図において一番重要なのは，実践から最初の教育環境へ戻る矢
印である。本章の次節以降に掲載する各学校種の授業実践は，実践の
展開と検討を長年にわたって積み上げてきたものであり，毎時間の実
践と検討の中で生まれ，洗練され，特色ある実践として多くの子ども
たちの多様な資質・能力を育成してきたものである。

　学習指導要領改訂において示された新たな視点や考え方は，授業実
践となってその真価が問われることになる。特に，「造形的な見方考
え方」を教科科目の核とするとき，図の「教育環境」の形成者である
「指導者」は，児童生徒を見つめる目とともに，教科性や造形美術の在
り様を考える視点が求められる。　　　　　　　（大坪圭輔／武蔵野美術大学）

第2節　小学校図画工作科での学び

　他の教科と同様に，図画工作科がめざすのは子供の成長である。本教科の役割は，子供の造形的な資質・能力の育成であり，題材の造形活動を通してそれを達成する。題材の目標は小学校学習指導要領の目標を具体化したものである。

主体的に学べる場の保証

　子供が主体的に学ぶ，とはどういう姿であろうか。新しい学習指導要領では，子供の「主体的・対話的で深い学び」実現のための授業改善が強く求められている。表現及び鑑賞の造形活動の中で図画工作科でそのような学びを成立させるために，教師は以下の条件を整える。

　①情報の伝達：材料の性質，用具の扱い方や安全指導，学習規律などは，子供が学ぶために必要な情報であるが，学びそのものではない。できるだけ短い時間で端的に伝えることで，最も大切な学びの時間を確保することができる。一方で，情報の受け取り方は子供によって異なる。音声による的確な指示はもちろん，板書，図示，実演して見せるなど子供の実態に合わせて，可能な限り多様な方法で確実に伝達する必要がある。ICT機器の活用も効果的である。

　②学びの場の保証：子供が自分のイメージでたくさんの材料からひとつの形や色を選ぶ。表したいテーマを決める。自分なりの表し方を見付けるまでいくつかの技法を試してみる。つくり出された形や色などから新しい価値を見付け出す。これらは図画工作科での学びの姿であり，その場を保証することが，題材設定の最大のねらいである。授業の時間配分では①に挙げた情報伝達の時間を必要最小限に，子供が造形活動を通して自分の考えで選び，自分の考えで試せる場面が最大になるように設定する。

③楽しさ：②で述べた学びの原動力になるのが，造形活動そのものの楽しさである。材料がもつ形や色，触感の魅力，それらの働きかけによって変化する驚き，つくりあげた作品を友達と見合い互いに認め合う喜びなどは，図画工作科ならではのよさである。何より教師自身が楽しさを実感していることで，子供が進んで造形活動に惹き込まれていく。学年や実態に応じて，子供の「やってみたい，もっと続けたい」気持ちを豊かにする活動の提案は，図画工作科での学びの出発点であり，これなくしては授業は成立しない，と言っても過言ではない。

題材設定のための配慮事項

①子供の実態：子供がこれまでに経験したことや今できることから，次に体験させたいこと，その体験を通して身に付けさせたい力を決める。授業を展開するにあたっては，学級の状態や子供一人一人の造形活動に対する興味関心や技能の到達度の違いにも十分に配慮する。

②物理的環境：子供が無理なく活動に集中できるように環境を整えることは重要である。教室，校庭など活動場所の広さ，水回り，用具の数，制作途中の作品を保管する場所の有無などは授業の展開を左右する。教師が事前に試作することで子供が活動しやすい道具の配置や展開を工夫することができる。また，展示が映える環境や集めやすい材料など，学校を取りまく地域の特色を生かす設定も，図画工作科の学びに効果的である。

③カリキュラムの中での位置付け：その学年でめざす子供像，あるいは次の学年での学びに向けて，現在の題材がどのように位置付けられるのかを明らかにしておく。①で挙げたように，子供が現在身に付けている資質・能力を次の段階へと成長させるためには，年間指導計画を含めて卒業までの見通しが必要である。さらに，季節や行事なども考慮し，子供にとって必然性を感じられる題材を配置することで，学びはより確かなものとなる。（麻 佐知子／東京都新宿区立東戸山小学校）

事例01　　小学校／図画工作科

題材名　　キラキラいろ水けんきゅうしつ

対象学年　第2学年

総時間数　2時間

題材名とねらい

　低学年の造形遊びとして取り上げられることの多い色水遊びである。本題材は第2学年が対象なので，偶然できた色を楽しむだけでなく，子供が考えた色もつくり出せるように，混色の仕組みにも気付かせたい。そこで「けんきゅうしつ」と題して探究的な活動を引き出そうと考えた。導入では「色をたくさんつくって，色のヒミツを見付けて欲しい」と子供に伝えた。色をつくると同時に鑑賞の活動が始まり，そこから次の色をつくる活動も始まる。友達の色を見て「どうやってつくったの？」と尋ねて試したり，自分のつくった色を紹介したりする姿が見られた。

評価について

　授業中の様子を観察する。スポイトを使って慎重に色を加える様子や，できた色を吟味してつくり直す様子，同系の色を友達と見比べて濃さや色味の違いを述べ合う様子など，目標に沿った活動が見られる。また，授業中の活動や作品を撮影する。活動後の感想や気付きについ

て発言させる。さいごに全員の一言感想文を書かせるなど，子供がどこに注目していたかを明らかにして，今後の指導に生かす。本題材では子供から「黒はとても強い色だった」「混ぜる色の組み合わせが同じでも割合や水の量で違う色になる」「20人で200色できる」など活動から発見した「いろのヒミツ」に関する発言が多く挙がった。

題材名	キラキラいろ水けんきゅうしつ（A表現　ア）		学年	時間
			2	2
題材の目標	○色水をつくる活動を通して，つくりたい色を見付け混色の仕組みに気付く。 ○集めた色を自分なりの考えで並べ，色をつくる楽しさを味わう。			
評価の観点	［知識］〔共通事項〕ア　絵の具と水を混ぜ合わせて色をつくる活動を通して，様々な色ができることを理解している。 ［技能］混ぜる色の組み合わせや量を工夫して，様々な色をつくっている。			
	［思考・判断・表現］（発想・構想）色を混ぜてできた色から思い付いて，自分のつくりたい色を集めている。 ［鑑賞］自分や友達のつくった色や並べ方のよさや面白さを感じ取っている。 〔共通事項〕イ　できた色を思い通りに並べたり，好きな色を見付けて名前を付けたりしている。			
	［主体的に学習に取り組む態度］色をつくるために思い付いたことを試したり，友達のつくった色を見たりして，色をつくる活動を楽しんでいる。			

	主な学習の流れ	主な材料・用具
第1次	・いろ水をいろいろつくって「いろのヒミツ」をしらべよう（60分間）	絵の具（マゼンタ，シアン，イエロー，ブラック）水溶液，水 透明カップ（10～12個／1人） スポイト，トレイ，カメラ
第2次	・おきにいりのいろ水をかっこよくならべよう（15分間） ・きねんさつえい，ふりかえり（10分間） ・あとかたづけ（5分間）	

材料・用具・場の設定について

　授業の際の子供の人数や教室の広さによって調整する。本題材では20名の子供と図工室で実施した。材料を含め授業の場をどのように設定するかによって，言葉による制約よりも自然な形で子供をねらい

に沿った活動へと誘うことができる。

主な材料	絵の具 マゼンタ, シアン, イエローの三原色とブラック (染料系) の水溶液	子供の最も身近な絵の具としては水彩用顔料系のものがあるが, 透明度に優れた染料系を使用することで, 色と水と光の織り成す魅力や, のちに一般化できるような混色の仕組みに気付かせることをねらった。
用具	透明カップ (10 ～ 12個) トレイ スポイト 白い紙 (トレイに敷く)	本題材では, 給食で出されたゼリー用カップを集めておいて使用した。個数は活動場所 (児童用机) の広さと時間で決めた。スポイトは, 探究的な活動へ誘うために身体の動きの幅を制限し, 量への気付きを引き出すと考えた。トレイは, できた色を鑑賞する場として用意した。
場の設定	1ℓビーカーに絵の具 水の入ったバケツ4個	少ない人数の学級なので, 原色を1カ所にまとることで子供同士の自然な情報交流をねらったが, 人数の多い学級ならば数カ所に配置する必要がある。ビーカーは「けんきゅうしつ」気分を盛り上げるため理科室から借用した。
その他	メモ用紙 (15×50mm) 筆記用具	授業中に子供からのリクエストがあって用意した。混ぜた色を記録しておきたい, 色に名前を付けたい, とのことであった。記録撮影の際の名札としても利用した。

カリキュラムの中での位置付け

　色は全ての題材に関わる造形要素であるが, 6年間を見通して本題材を指導計画に以下のように位置付けた。本題材での経験が生かせるように, 今後の題材でも折に触れて想起できるような投げかけを行うようにする。

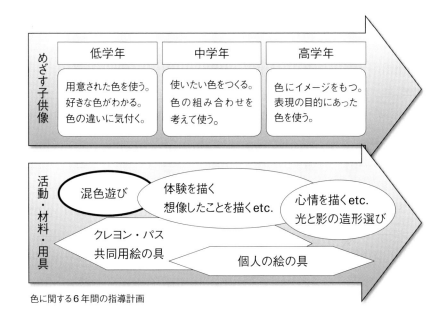

めざす子供像

低学年	中学年	高学年
用意された色を使う。好きな色がわかる。色の違いに気付く。	使いたい色をつくる。色の組み合わせを考えて使う。	色にイメージをもつ。表現の目的にあった色を使う。

活動・材料・用具

混色遊び　体験を描く　想像したことを描くetc.　心情を描くetc.　光と影の造形選び

クレヨン・パス　共同用絵の具　個人の絵の具

色に関する6年間の指導計画

（麻 佐知子／東京都新宿区立東戸山小学校）

事例02　　小学校／図画工作科

題材名　　　ダンボールでフェイク

対象学年　　第6学年

総時間数　　6〜8時間

題材名とねらい

　成長して多くの経験を積んだ半面，理想とイメージする表現と実力の差に悩むことの多い第6学年。ユーモアの感じられる表現で造形活動を楽しんで欲しい。子供には「見てビックリ，そしてニッコリ」な表現をめざすことを導入で伝えた。写生画のように見たものを平面に表す活動には抵抗感が強い子供も，立体を立体に表す本題材では逆に意欲が高まった。一方で，平面であるダンボールを立体に成型する活動は，高学年ならではの高度な技術が要求される。それでも「フェイク＝本物そっくりな偽物」に表して，見る人を驚かせることを楽しみに，子供たちは工夫を重ねた。できた作品は，置く場所を選んで子供が撮影する。偽物が本物に見える演出を工夫することで，自身の作品のよさを見付け，見る人の視点についても意識できると考えた。

評価について

　数ある「身近なもの」の中から何を選んでダンボールで立体に表すのか，その子供なりの判断がある。第1次では自分が興味のあるもの

だからとか，つくりやすそうだからという理由で決める子供は少なくないが，困難でも全力でチャレンジしてみたいからという理由で難しい立体に決める子供もいる。つくる際の難易度は，薄い小さいものよりは厚みのある大きなもの，直線的なものよりは曲線的なもの，単純なものよりは複雑な形のものの方が高まることを，第6学年の子供は理解している。困難さに挑む態度と実現させる構想の力は子供に納得できる形で評価したい。

題材名	ダンボールでフェイク　　　　　　　　　　　　（A表現　イ）	学年	時間
		6	6〜8
題材の目標	○身近なものをダンボールで立体に表す活動を通して，表したいものの形や色の特徴に気付き，表し方を工夫する。 ○作品に合う場所を見付け，その場に置いて鑑賞しフェイク（偽物）の面白さを味わう。		
評価の観点	[知識]〔共通事項〕ア　ダンボールで立体に表す活動を通して，対象の形や色，質感の特徴を理解している。 [技能]面の組み合わせや接着の仕方を工夫して，ダンボールで立体を表している。		
	[思考・判断・表現]（発想・構想）身近なものの形や色から思い付いて，自分なりにその特徴をとらえて表している。 [鑑賞]自分や友達の作品と設置に選んだ場所のよさや面白さを感じ取っている。 〔共通事項〕イ　作品に合う場所を考え，フェイク（偽物）らしさを表すように配置の仕方を工夫して展示している。		
	[主体的に学習に取り組む態度]対象の特徴を表すために形や色の組み合わせ方を試したり，友達の作品を見たりして，フェイク（偽物）をつくる活動を楽しんでいる。		

	主な学習の流れ	主な材料・用具
第1次	・身近なものをよく見て，ダンボールでニセモノをつくろう（5〜7時間）	ダンボール（空箱等） ダンボールカッター
第2次	・ふさわしい場所に置いて撮影しよう（1/2時間） ・鑑賞会ふりかえり（1/2時間）	はさみ，目打ち 接着剤，水張りテープ 絵の具，カメラ

一方，第2次では「本物そっくりですごい！」というだけでなく「本物じゃない。なんだか可笑しい」という，自身の作品を客観的にとらえる力とユーモアを演出するセンスが評価される。写真投稿型のSNSもすでに身近な存在である現代では，見せる工夫に関して子供同士で評価し合うことも効果的である。

材料・用具・場の設定について

　表したいものを子供が自分で選び，表し方も自分で決めなければならない本題材では，表し方を安心して十分に試行できる環境を保証することが重要である。リサイクル材料であるダンボールの空き箱は，その点でも使いやすい材料である。

主な材料	ダンボール	集めておいた空き箱を開いたもの。大きく厚いものや小ぶりで薄いもの，片面ダンボールなどふんだんに使えるようにした。
用具	ダンボールカッター，はさみ，定規等，木工用接着剤，水張りテープ，共同用絵の具（アクリル系），デジタルカメラ，投影機	第6学年までに経験した，紙工作の道具はすべて用意した。また，ダンボールと同系色の水張りテープは接着に大変有効だった。絵の具に弱いセロハンテープや絵の具を弾いてしまうガムテープと違い，絵の具に馴染み強い接着力があった。着色には発色のよいアクリル系を用意し，子供が思い通りに色付けできるようにした。
場の設定	用具置き場 材料置き場	教室前方に，種類別に箱に入れた用具のための机，後方にダンボール空き箱を開いたもの，切れ端を分けて積んだ机，大きな作品に使える空き机を用意した。

カリキュラムの中での位置付け

　立体や工作に表す題材，ダンボールを扱うことなど本題材の要素は第6学年になるまでに積み上げられている。それらの集大成として本題材を設定した。身近で安価な材料で，見る人も楽しめる造形作品をつくった経験を中学校での学びにつなげていって欲しい。

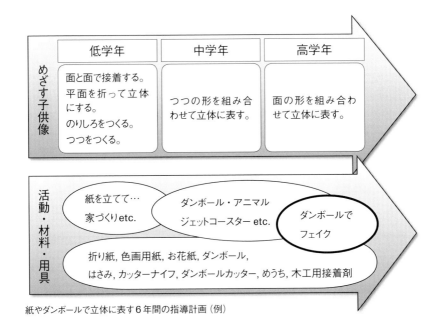

	低学年	中学年	高学年
めざす子供像	面と面で接着する。平面を折って立体にする。のりしろをつくる。つつをつくる。	つつの形を組み合わせて立体に表す。	面の形を組み合わせて立体に表す。

活動・材料・用具

紙を立てて…　家づくり etc.

ダンボール・アニマル　ジェットコースター etc.

ダンボールでフェイク

折り紙, 色画用紙, お花紙, ダンボール, はさみ, カッターナイフ, ダンボールカッター, めうち, 木工用接着剤

紙やダンボールで立体に表す6年間の指導計画（例）

（麻　佐知子／東京都新宿区立東戸山小学校）

第3節　中学校美術科での学び

生徒の生活実感から授業を作る

　中学校美術の授業実践においては，学習指導要領の改訂ごとに，育成したい資質・能力に沿った学習課題の設定や，指導内容の偏りのない配列などについて意識され，授業改善が進んできた。ではさらに「生徒が主体的に取り組み，学びが実感でき，生活や社会に生かすことのできる教科学習」にするには，どのような視点を持てばよいか。

　それには目の前の中学生の姿から，授業を考えていくことが重要である。いうまでもなく造形活動はそれぞれが大変魅力的であり，生徒が活動にのめり込む状況を作るのはさほど難しいことではない。しかし生徒がその学習に，生きていくうえでの意味や価値を見出し，自分で役立てようと思うためには，生徒が日常的に感じたり考えたりしている事柄とつながりのある学習内容でなければならない。「自分の気持ちや考えを色や形，材料や技法の工夫によって表現することができた」「使いやすさや心地よさを，自分が作った工芸作品から感じ取ることができた」といった経験の積み重ねこそが，これからの生き方につながるのであり，いくら絵画や彫刻刀の扱いが上手になっても，実感を伴わない知識や技能は，教室の外で役立てられることはないだろう。

生徒の姿の見取り方・育て方

　「生徒の実態」について「○○が身についていない」といった捉え方をすることがあるが，あらかじめ生徒を有能な存在として捉え，一人一人が持っている美術的な見方・考え方をいかに働かせるか，という指導観を持つことも重要である。対話型鑑賞の場面や制作中の会話で，核心を突いた見方や，構想の深まりに出逢うことがある。そんな場面を的確に捉え，独自の見方・考え方を発揮できるような材料や用具，

学習環境の準備，生徒への発話などを工夫することによって，生徒の取り組み方は大いに変化し，その積み重ねによって美術の力は伸びていく。なお，中学生の興味・関心に寄り添うことは「中学生レベル」に指導の質を落とすことではない。「興味や関心を持ちそう」「面白がりそう」から始めるとしても，設定した主題に沿って生徒一人一人に「その色で，形で，表現方法でいいのか？」と揺さぶりをかけることで，生徒たちを創造活動の深いところまで導くことができる。それは私たちが自ら取り組んできた創造行為と同列のものではないだろうか。

3年間を見通した年間計画の工夫・更新

　学習指導要領では，3年間の中で，絵や立体に表す活動とデザインや工芸に表す活動，そして鑑賞活動をバランスよく配列し，指導することが求められている。また社会の変化やAIなどの技術革新などによって，美術科に向けられる期待や要求は変化してきているし，扱う内容もさらに変化していくだろう。これらの要求に応えるためには，過去の実践例や経験に固執せず，新しい技術や価値観に対する理解や視野を広げ，授業に取り入れる努力が大切である。しかし，これまでに取り組まれてきた日本の中学校美術教育の内容は，様々に吟味され研ぎ澄まされてきたものであり，軽率に取り換えられるものではない。

　私たち指導者は，育成する資質・能力の視点から，手立てとしての学習活動や扱う材料，技法などの見直しを行っていくことが大切である。具体例を挙げれば，それまで絵具と筆で行っていたことをパソコンで行う可能性などについてであるが，この教科が，手をはじめ諸感覚を働かせて学ぶ「自己理解・他者理解・自己実現」の教科であることを忘れてはいけないだろう。美術科教員には，3年間115時間の題材の配列を自ら考える自由と責任がある。何年経験を積んでいようとも，研鑽をおろそかにせず，授業実践の質を高めていきたい。

（濱脇みどり／東京都西東京市立青嵐中学校）

事例03　中学校／美術科

題材名	墨と水で表すお気に入りの歌の世界
対象学年	第3学年
総時間数	6時間

題材について

　進路選択などに伴い心が揺れ動く第3学年の2学期。自分を癒し，励ましてくれるようなお気に入りの楽曲から主題を生み出し，水墨で描く。自分が大切にしている大好きな歌の世界には，それぞれ思い入れがあり，表現を追求する気持ちになる。墨は国語の書写などを通して生徒になじみがあり，半紙は何枚でも枚数を重ねられる手軽さがある。何より色彩の要素がないから，にじみやぼかし，かすれをはじめとした微妙な表現効果に意識を集中することができ，非常に多様な表現を生み出すことができる。身近な材料や用具で，自分の表したい感じが表現できたという手ごたえが持てたら，将来どこかで「水墨で描いてみようか」という気持ちになるかもしれない。それは生涯にわたって心豊かに生きていく糧となる表現活動になりうるだろう。

材料・用具

・生徒：墨汁，デザイン用パレット，半紙，各種筆（書道用，彩色，面相筆など），下敷き，新聞紙
・指導者：ワークシート，実物投影機，プロジェクタ，作品化用色画用紙，コメントカード，振り返りシート，参考作品

学習活動のながれ（全6時間）

①指導者が生徒の前で実際に描いて見せ，墨の濃淡や筆遣いなどによる表現効果を体験的に理解する（1時間）。
②各自表現のもとになる楽曲を選び，生成した主題に基づき，ワーク

シートに沿って水墨表現のための構想を練る（宿題）。普段音楽を聴く習慣がない生徒には，ゲームや漫画，小説や詩などをテキストとする。

③構想をもとに各自の表現意図に沿って表現方法を試す（3時間）。

④表現活動の最終時間。活動を振り返り自己評価を行う（1時間）。

⑤自作品から1枚を選んで台紙に貼り，鑑賞者に向けてコメントを書いて作品化する（1時間）。

題材の目標

知識及び技能	造形的な視点を豊かにする知識	〔共通事項〕(1) ア	水墨表現の特徴やその表現効果について理解する。
	創造的に表す技能	A 表現 (2)ア (ア)	水墨表現の特性を生かし，意図に応じて自分の表現方法を追求して創造的に表す。
思考力・判断力・表現力等	発想や構想に関する資質・能力	A 表現 (2)ア (ア)	楽曲の歌詞や曲想などから感じ取ったことをもとに主題を生み出し，水墨表現の特徴を活かした創造的な構成を工夫し，心豊かに表現する構想を練る。
	鑑賞に関する資質・能力	B 鑑賞 (1)ア (ア)	互いの表現を見合う活動を通して，造形的な良さや美しさを感じ取り，作者の心情や表現の意図と創造的な工夫などについて考えるなどして，美意識を高め，見方や感じ方を深める。
学びに向かう力，人間性等	主体的に学びに取り組む態度		美術の創造活動の喜びを味わい，主体的に表現及び鑑賞の学習活動に取り組む。

学習支援のポイント

①目の前で描いて見せ，表現効果を実感させることが大切である。一斉指導だけでなく，机間巡視の際に個別に生徒の表現意図に沿って行うことで，生徒の背中を押すことになる。

②授業の直前にワークシートに目を通しておくと，生徒の表現意図を踏まえた支援ができる。人数や時数が多いと負担は大きいが，生徒を支援するには効果的である。

③この題材にかかわらず，常に「どんな感じ?」「どうやって表す?」などの言葉を生徒に掛け続ける。それによって生徒は，一般的に整ってきれいな表現を目指すのではなく，自分の表現主題に沿って表現を追求することを理解し，進んで試行錯誤するようになる。

④授業中，生徒の表現をどんどん紹介する。実物投影機で映し，対話しながら紹介することで，作者の思いや意図と表現効果を結びつけて味わうことになり，それを自分の表現に活かすこともできる。最

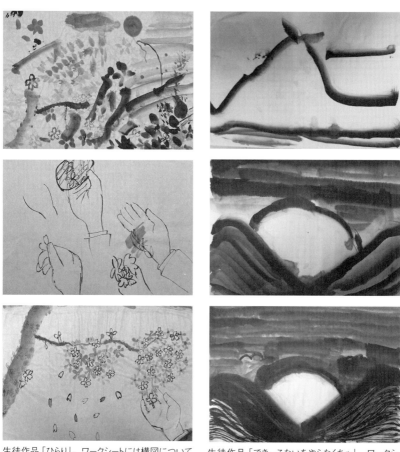

生徒作品「ひらり」。ワークシートには構図について「桜は二つのかたまりを描き，下の方を指先だけでさわっている。花の向きを変え，風でゆれているかんじにした。あえて枝のつながりは描かずに見ている人に想像してもらえるようにした。」と書かれている。

生徒作品「できっこないをやらなくちゃ」。ワークシートには，歌から感じる情景について「応援している歌。とても明るくて，激しくスピード感がある。朝，太陽が昇るとともに，今日も一日頑張ろうと決意をしている。力強い感じ。」とある。

生徒作品「マーメイドラプソディ」。ワークシートには，「マーメイドが夜，海の中に差し込んでくる明かりの中で静かに泳いでいる。そばには泡が光って，美しいがどこか寂しく切ない感じ」とある。ほぼ同一の構図で何枚も描き試行錯誤を繰り返す。マーメイドの位置，ポーズ，水や月光の質感，全体の明暗のバランスなど画面の隅々に気を配っていることがわかる。

初は紹介されることが恥ずかしくても，やはりうれしいものである。紹介し交流し合う空気が教室に生まれることが大切である。

⑤描いたものを原則すべて保管させる（新聞紙が簡便）。墨が載った半紙は思いのほか丈夫で，後から見直し描き加えることもできる。失敗作と考えていたものの中によいものがあることもある。指導者としては，生徒の表現過程を見取り，評価の精緻化を図ることができる。

この題材の後に，歴史的な水墨画などの鑑賞活動を行うと，表現活動によって深められた水墨表現に対する見方・考え方に基づいて，より深く味わうことができる。　（濱脇みどり／東京都西東京市立青嵐中学校）

事例04　　中学校／美術科

題材名　　　色水を作ろう！　色の組み合わせでイメージを伝えよう

対象学年　　第1学年

総時間数　　6時間

題材の趣旨

　三原色からイメージ通りの様々な混色を作れるようになることをねらいとする。「作ってそれで終わり」では，知識や表現する力に繋がらないと考え，より自分の力にできるよう「習得」「活用」「応用」の三段階を設定した。

　習得：三原色を使って4人で協力し，ヨハネス・イッテンの色相環と同じ色水を作る。

　活用：三原色に白を足して，各自で自分と同じ肌色を作る。次に自分でテーマを決め，その肌色を作る。

　応用：4人でテーマを決めて，白と顔料（絵具）の三原色もしくは染料（水性ペンの芯）の三原色を使って，テーマのイメージが伝わるように12色から24色の色の組み合わせで表現する。できた作品（色水）は透明の容器に詰め，校舎の窓際に自分たちで展示する。

指導目標

①知識及び技能：加法混色（光の三原色 [RGB ／レッド・グリーン・ブルー] の混合比により色を表現）と減法混色（色材の三原色 [CMY ／シアン・マゼンタ・イエロー] の混合比により色を表現）の特性の違いを知り，三原色で様々な色が作れることを体験を通して理解する。

②思考力・判断力・表現力等：三原色と白により，ほとんどの色が作れることを知り，色には強さ弱さがあることを体験を通して学ぶ。1人でテーマを考えること，4人でテーマを考えることを通して，発想や構想の幅を広げる。

③学びに向かう力，人間性等：校内に展示することによって何気なく
　鑑賞する機会を設け，授業内では気に入った作品に投票することを
　通して真剣に鑑賞するなど，作品を見る機会を増やし，様々な見方
　があることを知る。

評価の観点

①知識・技能：色見本通りに正確な色を作っている。
②思考・判断・表現：面白いテーマを考え，そのイメージを色で表現
　している。4人で協力して独創的なテーマを考え，色の組み合わせだ
　けでそのイメージを伝えている。

材料・用具

・生徒：絵具セット（赤青黄白），作業着（汚れることもあるため）
・指導者：イッテンの色相環，染料の三原色（水性ペンの芯を染め出
　した水），透明な容器，スポイト，籠（作品保存用），新聞紙，キャプ
　ション用紙

題材の展開

　第1週：光の三原色，色材の三原色の説明をする。使用中のテレビ
モニターをビデオカメラで拡大してプロジェクターで映し，三原色（4
色のテレビもある）で成り立っていることなどを教える。
　第2・3週：色相環を作る。「習得」としてイッテンの色相環をA3で
カラープリントしてラミネート加工したものを色見本とし，三原色の
絵具のみで，4人で協力して12色の色水を作らせ，余力があれば隣り
合う色の間の色を想像して24色を作らせる。できた色水は透明な容
器に詰め，色相環の上に置く。はじめに「どの班が早いかな？」と問い
かけると競争のようになって盛り上がった。これがうまく好奇心に結
びついた班もあったが，早さ重視になりすぎた班もあり，クラスの状

況をよく見て導入の仕方を判断する。加える色の分量が多すぎて色の調整が難しくなってしまった生徒には「半分捨てて，水で薄めてから調整するとうまくいくよ」などの声掛けを行った。色の調整については，絵具の強い弱い（黒がオオカミ色と言われていることなど）があることを説明したい。色相環にはない三原色による黒づくりも行わせた。なかなか真っ黒にはならないものの，うまく調整すると黒に近い色ができ，ちょうどよい難易度だったようである。

　第4週：「活用」として三原色＋白で肌色を作る題材を設定。はじめは自分と同じ肌色を作り，その後は自分で考えたテーマの肌色を作らせた。「陸上部の肌色」「アニメに出てくる少女の肌色」などのテーマがあがった。友達同士で腕の色をお互いに見比べるなど，自然とコミュニケーションがとれている場面も見かけた。肌の色は全員に共通の身近な題材で取り組みやすかったようだ。

　第5・6週：絵具の三原色と白，水性ペン（三菱鉛筆のプロッキー）の三原色の芯を一晩，水に浸けて溶かした染料を用意する。顔料を原料とする絵具は，水に溶かしてから時間が経つと沈殿してしまうが，水性ペンによる染料はほとんど沈殿せず，透明感のある色を作ることができる。「応用」として4人で協働してテーマを決め，それに合うイメージの十数種類の色水を作り，その組み合わせでテーマを表現させる。顔料か染料かは，テーマによって自分たちで選ぶ。「虹」や「カ

イッテンの色相環に合わせた色水

「ドリンク」左端のコーラからキャロットジュースまで14種

「空の色」は「深夜の空」「あの日の夕方」など15もの空色

ラフル」など安直なテーマになってしまう班もあ
るため，テーマは報告に来てもらい，アドバイス
をして決定させる。「日本の山々」「夏休みの出来
事」「部活の色」など独創的なテーマが多々あった。
できあがった作品は，生徒玄関など校舎内の窓際
に展示。全校生徒が見られるようにし，その後に
全員で好きな作品を三つ選ぶ投票を行った。

まとめ

　この題材で重要なのは展示の際の容器である。透明で小振りな容器
を必要としたので，全校生徒とその保護者に向けてプリントで，小型
ヨーグルトドリンクの容器提供を呼び掛けたところ，多くの家庭から
の協力を得て1,000個以上を集めることができた。二次的な結果とし
て，教材の寄付が増えるなど，美術科と保護者との関係性が近くなっ
たように感じた。

　展示発表すること，その後に作品に投票することが生徒の責任感に
繋がり，テーマ決めでも真剣に取り組んでいた。容器がちょうどよい
大きさなので窓際にぴたりとはまり，光の透過によりとても綺麗に展
示することができた。校内では，生徒や保護者が鑑賞をしている光景
をよく見かけるようになった。

　今回「振り返り」の時間を確保できなかったが，授業ごとに「振り返
りシート」に記入させたり，単元の最後にまとめの振り返りなどがで
きるだろう。班ごとの作品説明（発表）もできれば加えたい。

　第1学年には色を中心にカリキュラムを考え，その導入としての今
回の題材を設定した。混色の知識を実際に活用していくことがより自
分の力になる。見通しを持ってカリキュラムを考えたい。

（藤田 航／東京大学教育学部附属中等教育学校）

第4節　高等学校芸術科美術，工芸での学び

芸術科美術，工芸で育成を目指す資質・能力

　美術，工芸で育成を目指す資質・能力とは，感性や美意識，想像力を働かせ，対象や事象を造形的な視点で捉え，自分としての意味や価値をつくりだすなどの造形的な見方・考え方を働かせる力である。それらの資質・能力を生徒に身に付けさせ，生徒が美的体験を重ね，生活や社会の中の美術や美術文化，工芸の伝統と文化に幅広く関わりながら，よさや美しさを実感し，意味や価値などを理解できるようにするための高等学校芸術科美術，工芸の授業が実践されなければならない。学習指導要領では次の三つの柱により，各資質・能力を育成できるよう目標を示しているが，これは小学校の図画工作科や中学校美術科とも連動するものである。

(1)「知識及び技能」については，造形的な視点を豊かにするために必要な知識と，表現における創造的に表す技能に関するもの。

(2)「思考力，判断力，表現力等」については，表現における発想や構想と，鑑賞における見方や感じ方などに関するもの。

(3)「学びに向かう力，人間性等」については，学習に主体的に取り組む態度や生涯にわたり美術（工芸）を愛好する心情，豊かな感性などに関するもの。

造形的な視点

　学習指導要領における美術，工芸の各科目の目標の柱書に示される「造形的な見方・考え方」についての解説では，「造形的な視点で捉えること」や「造形的な視点を豊かにもつ」ことの重要性が示されている。「造形的な視点」とは，造形を豊かに捉える多様な視点であり，形や色彩，材料や光などの造形の要素に着目してそれらの働きを捉えたり，全体に着目して造形的な特徴などからイメージを捉えたりする視点のことである。生徒一人一人の表現や鑑賞に関する資質・能力を豊かに育成していくためには，形や色彩，材料や光などの造形の要素に

着目して，それらの働きを捉えるいわば「木を見る視点」と，全体に着目して造形的な特徴などからイメージを捉えたりするなどのいわば「森を見る視点」の両面から造形的な視点を豊かにすることが重要である。すなわち，造形的な視点とは，美術の特質に応じた物事を捉える視点であり，科目で育てる資質・能力を支える本質的な役割を果たすものである。

各科目の指導項目

・美術「A表現 (1) 絵画・彫刻」

　絵画・彫刻では，身近な自然や自己，生活などを深く見つめ，感じ取ったことや考えたこと，夢や想像などから主題を生成し，豊かに発想し創造的な表現の構想を練り，材料や用具の特性を生かし，主題を追求し創造的に表すなどして，発想や構想及び技能に関する資質・能力の育成をねらいとしている。表面的な技術の巧拙のみを重視するのではなく，美的体験を重ね，自己の内面を掘り下げながら表現することなどにつながるように，主題を基に表現を深めていくことができるよう指導することが大切である。

・美術「A表現 (2) デザイン」

　デザインでは，心豊かな生活や社会を創造するために，目的や条件を基に美しさなどとの調和を考えて主題を生成し，デザインがもつ機能や効果，表現形式の特性などについて考え，創造的な表現の構想を練り，材料や用具の特性を生かし，目的や計画を基に創造的に表すなどして，発想や構想及び技能に関する資質・能力を育成することをねらいとしている。単に作品をつくるのではなく，人間の美的要求やコミュニケーションを基盤として，客観的な視点に立ち，目的や条件などに応じて，美しさや調和，機能や役割，伝える人や使う人の気持ちや行為，公共性や社会性などを考えて表現することが大切である。

・美術「（3）映像メディア表現」

　映像メディア表現では，写真・ビデオ・コンピュータ等の映像メディアの特性を生かし，感じ取ったことや考えたこと，目的や機能などを基に主題を生成し，映像表現の視覚的な要素の働きを踏まえてカメラやコンピュータなどの映像メディア機器等の特性を生かした表現方法などを創意工夫し，表現の意図を効果的に表すなどして，発想や構想及び技能に関する資質・能力を育成することをねらいとしている。映像表現の可能性について考え，映像メディアによる表現の視覚的な要素の多様な働きについて実践的に理解するとともに，その特性を生かして創造的な表現活動を行うことが大切である。

・美術「B 鑑賞（1）鑑賞」

　鑑賞では，主体的に作品などからよさや美しさなどを感じ取り，作者の心情や意図と創造的な表現の工夫，自然と美術の関係や生活や社会を心豊かにする美術の働き，日本の美術の歴史や美術文化などについて考え，価値意識をもって，美術作品や美術の働き，美術文化についての見方や感じ方を深めるなどして，鑑賞に関する資質・能力を育成することをねらいとしている。「B 鑑賞」の内容は，アの「美術作品など」に関する事項と，イの「美術の働きや美術文化」に関する事項に分けて示されており，自我を確立し，自己の美意識や価値観を形成するこの時期の鑑賞の学習では，自分の価値意識をもって美術を捉え，生徒が自己を見つめ，主体的に鑑賞する態度を身に付けることが大切である。そのためには，造形の要素の働きや全体のイメージや作風，様式などで捉えることについての理解を深め，新たな視点で作品を捉え直したり，他の作品と比較して相違点や共通点に気付いたりするなど，生徒が関心をもって具体的によさや美しさを感じ取れるように指導を工夫することが必要である。

・工芸「A 表現（1）身近な生活と工芸」

　身近な生活と工芸では，身の回りの自然や身近な生活に目を向け，

使いたいものやつくりたいものなど自己の思いを重視して発想し，用途と美しさの調和を考え，日本の伝統的な表現のよさなどを生かして制作の構想を練り，材料や用具を生かし，創造的に表すなどして，発想や構想及び技能に関する資質・能力を育成することをねらいとしている。自己の思いなどから発想し，制作する人の視点に立った工芸の制作に取り組む学習活動を目指し，身の回りの自然を深く観察し，自然がつくりだす造形の美しさ，そこから得られる素材のよさ，身近な生活体験の中で感じ取ったことや考えたこと，自己の思いなどを基にして使いたいものやつくりたいものなどを発想し構想を練り，創造性豊かな制作ができるよう指導することが大切である。

・工芸「A 表現 (2) 社会と工芸」

　社会と工芸では，使う人の側から生活や社会を見つめるなど社会的な視点に立って発想し，使用する人や場などに求められる機能と美しさとの調和を考え，制作の構想を練り，材料や用具を生かし，創造的に表すなどして，発想や構想及び技能に関する資質・能力を育成することをねらいとしている。使用する人や場などを考えて発想し，社会的な視点に立った工芸の制作に取り組む学習活動を目指し，生徒が社会や生活環境と工芸との関連などを考えて，使う人の願いなどを基にして，求められるものを発想し構想を練り，自分の考えたことが作品として具現化していく過程で創造する喜びを感じ取らせるとともに，構想に基づいて創造性豊かな制作ができるようにすることが大切である。

・工芸「B 鑑賞 (1) 鑑賞」

　工芸の鑑賞では，主体的に工芸作品や文化遺産などのよさや美しさなどを感じ取り，作者の心情や意図と表現の創意工夫，自然や社会と工芸との関係や生活の中の工芸の働き，日本の工芸の伝統と文化などについて考え，価値意識をもって工芸作品や工芸の働き，工芸の伝統と文化についての見方や感じ方を深めるなどして，鑑賞に関する資

質・能力を育成することをねらいとしている。「B 鑑賞」の内容は，ア の「工芸作品など」に関する事項と，イの「工芸の働きや工芸の伝統と 文化」に関する事項に分けて示され，自我を確立し，自己の美意識や 価値観を形成するこの時期の鑑賞の学習では，生徒が自己や生活，社 会を見つめ，価値意識をもって工芸を捉え，主体的に鑑賞する態度を 身に付けることが大切である。

〔共通事項〕

〔共通事項〕は，高等学校芸術科において新しく設けられた項目であ り，美術と工芸はともに「ア 造形の要素の働きを理解すること。」及 び「イ 造形的な特徴などを基に，全体のイメージや作風，様式などで 捉えることを理解すること。」の各事項が示されている。また，「A 表 現」及び「B 鑑賞」の学習において共通に必要となる資質・能力であり， 造形的な視点を豊かにするために必要な知識として位置付けられ，造 形を豊かに捉える多様な視点がもてるようにすることを重視している。 「A 表現」，「B 鑑賞」及び〔共通事項〕の指導を通して，生徒一人一人が， 造形的な見方・考え方を働かせ，表現及び鑑賞に関する資質・能力を 高め，生活や社会の中の美術や美術文化と幅広く関わることができる ようにすることを目指している。「A 表現」及び「B 鑑賞」のそれぞれの 指導事項において，〔共通事項〕を適切に位置付けて題材の設定や指導 計画の作成を行う必要がある。

発想や構想

美術の目標（2）には，「主題を生成し創造的に発想し構想を練る」 （美術Ⅰ）と示されているが，「主題を生成し」とは，「自分は何を表した いのか，何をつくりたいのか，どういう思いで表現しようとしている のか」など，表したいことを強く心の中に思い描くことである。また， 工芸の目標（2）には，「思いや願いなどから心豊かに発想し構想を練

る」（工芸 I）と示されており，自己の思い，使う人の願いや心情，生活環境などから，「自分は何を表したいのか，何をつくりたいのか，どういう思いで表現しようとしているのか」など，美術と同じく，表したいことを強く心の中に思い描くことを意味している。さらに，工芸では，素材を見たり触れたりすることでその特性を感じ取る活動を通して，作品づくりのイメージを高めることも大切である。これらは，すべての学習における基本的な姿勢である「主体的な学び」につながるものであり，生徒が自らの考えに基づいた豊かに発想し構想を練る学習活動を展開することが，より深い「思考力，判断力，表現力等」を育成することにつながるのである。

言語活動の充実

　アイデアスケッチなどで構想を練ったりするとともに，レポートを作成するなど言葉で考えを整理したりすることも大切であり，価値意識をもって批評し合い討論し，自他の見方や感じ方の相違などを捉えて，対象の見方や感じ方を深めるなどの言語活動の充実を図ることが求められている。言語活動のねらいが，発想や構想に関する資質・能力や鑑賞に関する資質・能力の育成にあることに留意し，それぞれの学習のねらいに基づきながら，言語活動を行うようにすることが大切である。

著作権などの知的財産権

　著作権などの知的財産権に触れ，作者の権利を尊重し，侵害しないことについての指導も併せて必要である。生徒が創造することの価値を捉え，自己や他者の作品などに表れている創造性を尊重する態度の形成を図るとともに，こうした態度の形成が，美術文化の継承，発展，創造を支えていることへの理解につながるよう配慮することが大切である。

（安田　淳／石川県立工業高等学校）

事例05　　高等学校／芸術科 美術Ⅰ

題材名	鉛筆素描に挑戦「鉛筆１本でサザエを描く」
対象学年	第1学年
総時間数	８時間（２時間×４週間）

題材の趣旨

　本題材は，自然物の観察を通して対象を造形的な視点で捉え，道具の使い方などの技能に偏ることなく，授業に臨む姿勢や学んだことを授業で活かすなど，主体的に学習に取り組む態度を導き出すことを目標としている。これまでの授業実践を通して，授業アンケートなどから高校の授業では具体的にものを描く力を身に付けたいという要望が多いことから本題材を実践している。また，具体物を写実的に描くことに対して苦手意識を持っている生徒も少なからずいる。生徒自身が造形的な視点を持って観察する方法，写実的に描く手立てを学ぶことで，実感を伴った理解が進むように全体指導と個別の指導のバランスを考慮する。作品の完成後には指導者と生徒で鑑賞を行い，表現の意図や工夫について意見交換を通して，お互いの見方や感じ方を深める活動を行う。

指導目標

①知識及び技能：描く対象を観察し，光や陰影，面などを把握して形態を表現できるようにする。描画材としての鉛筆の仕立て，描画材の使い方に習熟できるようにする。

②思考力・判断力・表現力等：対象を観察し，感じ取ったことを写実的に描くことができるようにする。相互の作品鑑賞を通して他者の表現に対して見方や感じ方を深めることができるようにする。

③学びに向かう力，人間性等：学んだことを授業で生かし，主体的に授業に取り組む態度を養う。

評価規準

①知識・技能：描く対象にあたる光や陰影の観察，面で把握し，構造を理解して表現することを理解している（知識）。鉛筆や練りゴムなどの描画材を工夫して使用し，表現している（技能）。

②思考・判断・表現：対象の複雑な形態を観察し，読み取ったことを描き出している（発想・構想の能力）。生徒同士の作品のよさや美しさを感じ取り，創造的な表現の工夫などについて考え，見方や感じ方を深めている（鑑賞に関する資質・能力）。

③主体的に学習に取り組む態度：描く対象にあたる光や陰影の観察，面で把握し，構造を理解して表現しようとしている（知識）。鉛筆や練りゴムなどの描画材を工夫して使用し，表現しようとしている（技能）。対象の複雑な形態を観察し，読み取ったことを描き出そうとしている（発想や構想）。生徒同士の作品のよさや美しさを感じ取り，創造的な表現の工夫などについて考え，見方や感じ方を深めようとしている（鑑賞）。

指導の流れ

事前の授業で身近なものを描く短時間のスケッチを実施しておく。

●導入（2時間）

教科書を使用して題材の説明と導入を行う。鉛筆の削り方の説明，指導者による実演，鉛筆の製作工程見本を用いて鉛筆ができるまでを解説し，鉛筆削りを指導する。対象（サザエ）を三方向以上からスケッチし，立体感や質感などの特徴を捉えられるように指導する。対象を実物の倍程度に大きく描くことに留意する。

●展開1（2時間）

スケッチから描く方向を一方向に決め，画用紙へのアタリの取り方を指導する。鉛筆の使い方に特徴のある生徒の数種類の参考作品を見せる。貝殻を手にとって観察するよう指導する。

●展開2（1時間）

　貝殻の構造について説明。貝殻のカットモデルの使用により具体的に構造が理解できる。対象の質感，奥行きの空間や陰影表現と鉛筆の線による表現の関係について説明し，鉛筆による加筆を進める。

●展開3（2時間）

　練りゴムを配布。鉛筆の調子の作り方を解説する。練りゴムは光を描く意識で使用する。全体と部分のバランスを考えながら仕上げをするように指導する。

●まとめ（1時間）

　作品の相互鑑賞を行い，コメントカードなどを利用し，意見の交換を行う。クロッキー帳などに題材の振り返りを記述する。

道具と材料

・生徒：教科書，筆記用具
・指導者：教科書，鉛筆（2B），練りゴム，画用紙（八つ切程度），クロッキー帳，カッターナイフ，サザエの貝殻（ひとり1個），生徒の参考作品，二枚貝や巻貝のカットモデル，鉛筆の製造工程見本，ホワイトボード，ホワイトボードマーカー，その他

指導の工夫

①毎時間，題材のねらいと授業の流れを確認する。
②教科書，資料を活用し，生徒の参考作品を見せる。
③鉛筆の線を重ねるなど加筆に重点を置き，消しゴムで消す作業を極力抑えるよう指導する。
④作業の手が止まる生徒には，課題点を聞き取りながら個別指導を行う。指導者は具体的に例示できるように鉛筆と画用紙を常備する。
⑤板書を活用：説明した内容を板書し，実演を交えて解説することで生徒の理解が深まる。

題材解説

　題材を通して生徒自身が描くことの本質的な楽しさ，形を観察することで対象の構造を発見する楽しさを実感してもらいたいと考えている。合わせて高校入学後，最初の題材であることから今後の授業に取り組む態度を養うこともねらいとしている。

　題材では，自然物から形の美しさや構造を発見する楽しさを学び，手にとって観察することでサザエの複雑な形態から特徴や構造を見つけ，鉛筆で表現する手がかりを見出すことを学ぶ。この活動を通して，一見，手のつけられないような複雑な対象にも挑んでいける心情を育みたい。また，題材に時間をかけて取り組むことで描画材としての鉛筆の仕立てに習熟することもできる。さらに他の生徒の作品を鑑賞することで自己と他者の表現の特徴を知り，見方や感じ方を深める活動を通して，お互いを尊重し，認め合う態度を養い，日常生活の中でも観察する視点を養う。

　授業ではアントニ・ガウディの「美しい形は構造的に安定している。

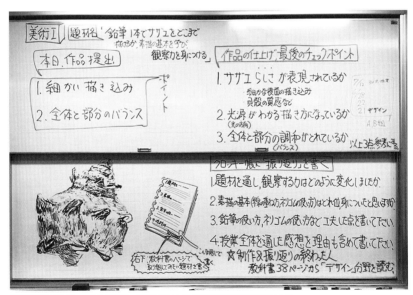

板書は短時間（3〜5分程度）で時間をかけず，個別の指導時間を多くとる

生徒作品

構造は自然から学ばなければならない。」という言葉を紹介している。生徒の記述には、「言葉で理解できていても実際にそれを表現することの難しさを感じた」、「観察力は美術だけでなく世の中でたくさん使われている力なので良い経験ができた」などの意見がみられる。本題材は年間の指導計画の中での実践である。

　最後に今回学習指導要領の改訂で新設された〔共通事項〕との関わりから本題材では、〔共通事項〕(1) アおよび中学校美術科〔共通事項〕の (1) アと関連づけて実践し題材の改善を実施していくことが考えられる。

〔永吉　聖／東京都立葛飾総合高等学校〕

事例06　　高等学校／芸術科 美術Ⅰ・課外

題材名	共同制作「国際交流壁画プロジェクト」
対象学年	第1学年
総時間数	14時間＋課外活動ほか

IIMEを取り入れた美術の授業

　Japan Art Mileが主催するInternational Intercultural Mural Exchange（以下IIME）のプロジェクトは，日本の子供達が同年代の海外の子供達と交流し，共通のテーマを掘り下げ，壁画として共同制作するものだ。本校（東京都立田柄高等学校）に着任して11年間，総合や異文化理解の授業，有志活動など様々な形でIIMEに取り組み，美術の授業としては2013年，2014年，2017年に実施した。

　美術の立場でIIMEを考えた時に最も大きな課題は「言語による思考（テーマの探究）」と「非言語による思考と実践（壁画の制作）」を造形的な視点でどうつなぐかということだ。都立高校で30年余り，言語により造形思考が制約される危険はありながらも，言語を使って自分の思いや考えを整理し明確化することで，造形表現が深まり豊かになること，そして同時に，造形活動が無意識の層を掘り起こし，言語活動とつながることで言語そのものや言語による思考も充実していくという相互の関係が見えてきていた。思考を深め，壁画として表現し，認められることで生徒達の自信や誇りにつなげたいと考えたのだ。

　海外の相手校で新年度が始まる9月に実際の交流が開始，意見交換をしながらテーマや構図を決定し，制作に入る。12月には1.5×3.6メートルの壁画の半分を完了させ，相手校に送付しなくてはならない。その後，相手国が残りの半分を制作し，翌年3月に作品が戻ってくる。

　消極的美術選択者を多く抱える学校では授業でIIMEに取り組む際，様々な工夫がいる。さらに本校では複数の講座に分かれている生徒全員で取り組むため，各講座を班に分け，班長が集まる代表者会議を設

置。全体から募る実行委員会と組み合わせ，全員の意思をまとめる組織をつくった。代表者会議と実行委員会の活動は課外活動となる。

基礎力として日本の伝統的表現様式を学び表現力を養成する

文化交流の側面も含め日本の伝統絵画の学習を手掛りに，感じ，考え，表現する力を養い，プロジェクトを行う基盤を作っていく。

造形美術教育では「形と意味の関係」を感じ取り，考え，表現する力，自ら意味と形をつなぐ力を育てることが重要だと考え，授業の基本に①原点から経験する　②骨（軸）から捉える　③感じ，考え，行動するというつながりを言葉と絵で記録する，という3点を据え，物事を構造的に捉える力を養い，自然，特に生命の持つ秩序とその多様性を感じ取り理解を深めることを目指してきた。

せっかちな生徒達が素早く思い通りの表現に達することができるよう，骨から捉え骨から描く方法で，対象や事象を構造的に捉える造形的な視点と手法を習得することから始める。

●身近な土から絵具をつくって生きて動く蟹を描く（8時間）

①死んだ蟹と生きている蟹を比較しながら鉛筆デッサンし，生死の違いが形に現れていることを感じ取って言語化する。②採集した土を篩って顔料にし，膠水で溶いた絵具をつくる。③日本画の基礎技法を学習し，極細線，肥痩線，たらし込みを実習。付立ての技法（輪郭を描かず，筆のタッチや濃淡で表現する）で生きて動く蟹を一気に活写。

生きている蟹と死んでいる蟹の比較デッサン

10分の1の私たち「ボクシング」骨組み

● **10分の1の私たち（6時間，二人組で行う）**

①各自で関節間の長さ等を計測し，ストローと針金を使って1/10のスケールで関節が動く自分の模型を作る。②二人一緒に活動している情景やその時の気持ちを話し合って，台紙に組み立て，内容を記録。③長さの比率や屈折角度を正確に捉え，骨組みをスケッチし，自分の身体を触り，筋肉標本も参考に，付立ての技法で肉付けする。

● **源氏物語絵巻などの絵巻，障屏画，琳派を学び金箔画を実習（8時間）**

人と自然との関係，精神性，ハレとケ，構図，動きの表現，色彩について学び，実習する。伝統工芸としての金箔を学習し，純金箔を貼った上に顔彩で描き，金箔の物性や異素材の統合を実体験する。

壁画共同制作1：テーマの絞り込みと探求（言語活動）

国際交流は，相手国について調べ，絵入りの自己紹介を相手国に書き送って始まる。次にテーマについて話し合う（2時間）。2014年度のテーマ「未来への希望」は抽象的で，具体的なイメージがなかなか出てこない。そこで「幸福」と「不幸」の両面から「幸福とは何か」を考えることにし，「自分や自分の家族」と「世界」というふたつの視点で幸福と不幸のあり様を見つめ，新聞形式にまとめるという課題を夏休みに出した。新聞等や保護者への聞き取りで幸福や不幸の実例を収集する，自分自身の実感から不幸と感じることを分析する等だ。

2学期に全員の新聞を掲示し，同時にその内容を全て表にして各自がみんなの意見を知り，共感や意見を伝え合うワークシートを作成。やりとりを繰り返した（8時間）。全員の報告から共通点を見つけ分類する授業からは「人間の欲が不幸の大きな要因になっている」という視点が生まれた。生徒同士が触発し合い，発見を重ねていった。

壁画共同制作2：視覚化の段階（言語活動＋造形活動）

テーマに沿って，各自がイメージを収集し，個々の素描や画像と全

体構成を実行委員会に提案する（宿題＋4時間）。それを委員会でまとめ再度全体に諮ってから相手国に打診し、決定となる。実制作は10人程度で課外活動として行う。ターポリンというテント生地を画布に、水性ウレタンアクリルペイント（テントアート）を使って大作に挑む。

　2014年度は制作中に興味深いことが起こった。生徒達が選んだ中核となるモチーフは、全員一致で「教会戦車」に。それを画布に描く段階で、彼らがそこに込めようとする意味が明確化していったのだ。

　生徒達のテーマの読み解きは「お金」や「食べ物」といった他愛もない「幸福」のイメージから始まった。しかし、不幸と幸福、喜びと悲しみ、その両方を見つめる中で彼等が気づいたのは、両者が背中合わせに存在する矛盾に満ちた現実だった。教会の内外に結婚式の幸福な場面を付け加え矛盾を強調していったプロセスは、彼等の造形活動中の思考の深化を物語っていると言えるだろう。

壁画共同制作3：鑑賞と総括

　3月に相手校から戻ってきた完成壁画を生徒達が鑑賞し、活動全体を振り返る総括がIIMEの最後の課題だ（2時間）。本校ではアンケート形式で実施した。2013年度「環境問題は国境を越える」、2014年度「私たちの未来への希望」など生徒達には難しいテーマだが、それに

2014年度国際交流壁画プロジェクト作品「私たちの未来への希望」
左半分：東京都立田柄高等学校　右半分：Lincoln M. Alexander Secondary School, Canada

沿って調べ，考えを交流することで視野が広がり，考えが深まったことを多くの生徒が語っている。また，テーマを視覚化し，壁画を構想し制作する中で，絵画表現を通して他者に伝えることを意識し，試行錯誤する体験を経て表現力が高まったことを自覚したとも言う。そして表現技法を探求する欲求が生まれ，様々な絵画表現への関心が高まったこと，他国の生徒と交流することで異文化への関心が芽生え，世界を意識し始めたこと等が綴られている。

　協働が生む成果は大きい。共同制作では互いの感じ方考え方を共有し，共感し，また批判し合う場面が生じ，そこで影響し合い，各自の幅を広げられたようだ。刮目したのは中心的役割を担った生徒にプロジェクト全体を俯瞰する視点が生まれたことだ。指導的立場を演じた2013年度生が2014年度生へレクチャーをした際，彼のメモには「いつも全体を見ている人が必要，この人一番大切。」とあった。国際交流という枠組みがもたらすものとして生徒の緊張感がある。海外の仲間との共同作業は「投げ出せない」と感じ行動する生徒が必ず出てくる。その生徒が核になり，乗り越えられそうにない壁を突破していった。

　絵画表現を伴う交流の意味は，最後に完成した壁画が相手国から戻ってきた時に最もよくわかる。異国の仲間が自分達の表現を受け入れ理解してくれたという喜び，彼らへの敬意を心の底から味わい，全身で受け止めている姿を見ることができた。

周知活動－多方面から認められることの大切さ－

　教員が生徒達を支援できることに周知活動がある。公開授業を行い，学校の内外に壁画を展示する機会を求め，壁画の進捗状況や，地域の祭りで壁画を展示して中学生から注目を浴びたこと，"IIME" の代表例としてユネスコ本部に運ばれ世界に発信できたことなど，彼らの活躍は「アートニューズ」として校内に広報，掲示した。

（長島春美／元東京都立田柄高等学校）

事例07　　高等学校／芸術科 工芸 I

題材名　　使い手を想定した提案「誰のためのカップ&ソーサー?」

対象学年　第1学年

総時間数　16時間（素焼き・本焼きに関する時間は除外）

題材の概要

　工芸Iの授業では，前期に構想表示方法のひとつとして投影図法を
学習した後，カップとソーサーのデザインをさせ，投影図法を用いて
二面図（場合によっては三面図）を描かせている。これらを生かして，
陶芸でカップとソーサーを制作させている。陶芸での制作の場合，ハ
ンドメイドの一品制作のイメージから「A 表現（1）身近な生活と工芸」
に偏りがちな傾向がある。本題材では，カップとソーサーの制作の目
的を「使い手を考えたカップとソーサーの制作」とし，使う側から社会
や生活を見つめるなど社会的な視点に立って発想し，使う人が求める
ものと機能性や合理性を考えて材料や用具を活用し，創意工夫して表
現する能力を育てようと考えた。本題材は「A 表現（2）社会と工芸」の
指導事項と関連する。

　作品を制作するにあたり，陶芸の基礎知識を学ぶとともに，制作方
法や技法・工程などについて理解を深め，必要な技能を身に付け，意
図に応じて制作方法を工夫し，表すことができるようにしている。

　鑑賞では構想・デザイン・制作した作品を実際に使うことで，新た
な発見があり，作者の心情や意図と表現の工夫を感じ取り，生活や社
会を豊かにする工芸の働きについて理解を深めるよいきっかけに繋が
り，工芸作品の見方や感じ方を深める題材になっている。

指導目標

①知識及び技能：対象や事象を捉える造形的な視点について理解する
　（知識）。創造的な工芸の制作をするために必要な技能を身に付け，

意図に応じて制作方法を創意工夫し，表すことができるようにする（技能）。

②思考力・判断力・表現力等：造形的なよさや美しさ，表現の意図と創意工夫，工芸の働きなどについて考え，思いや願いなどから心豊かに発想し構想を練ったりすることができるようにする（発想や構想に関する資質・能力）。社会的な視点に立ってよさや美しさを感じ取り，作者の心情や意図と制作過程における工夫や素材の生かし方，技法などについて考えるとともに，生活や社会を心豊かにする工芸の働きについて，見方や感じ方を深めることができるようにする（鑑賞に関する資質・能力）。

③学びに向かう力，人間性等：主体的に工芸の幅広い創造活動に取り組み，生涯にわたり工芸を愛好する心情を育むとともに，感性を高め，工芸の伝統と文化に親しみ，生活や社会を心豊かにするために工夫する態度を養う。

題材の展開（全16時間）

●**導入1 課題の把握と発想（1時間）**

　課題について理解するため，持ち寄ったカップ等を観察し，形の特徴，使う人や用いる場面などを想定し，班単位で意見を述べ合うなどの言語活動を行う。社会的な視点に立って，使う人や実際に使用する場面，求められる機能や条件を考え，ワークシートや企画書などを活用し，発想する。指導の際には，「用」と「美」についても触れ，デザインを重視し過ぎて使い勝手が軽視されないようにすることを理解させる。高台の意味について理解させるとともに，高台もデザインのひとつであることを認識させる。

●**導入2 陶芸について（1時間）**

　焼き物の分類や成形方法や工程等，陶芸の基本的な知識を学ぶ。

●構想（2時間）

　発想したことをもとに客観的な視点に立って機能や条件を整理し，造形的な要素や構造を考えながら構想を練る。アイデアスケッチをもとに設計図（二面図もしくは三面図）を作成する。焼成により二割程度縮むことを考慮して大きさを決めるよう指導し，構想のイメージを的確に表現しているかも評価の対象とする。

●制作（10時間）

　粘土や用具の特性を生かし，制作工程に応じた効果的な手順や技法などを検討し，アイデアスケッチや図面などをもとにして成形する。粘土が可塑性のある素材であることを理解させ，生徒が納得のいくまで作品制作をやり直すことができることを伝える。

●制作1　土練り（1時間）

　半磁土と信楽特漉の2種類の粘土を1対3程度の割合で混ぜる。土練りには荒練りと菊練りがあることを知り，練り方の違いを学ぶ。

●制作2　成形（7時間）

　紐作り・手びねり・たたら板づくりなどの技法を用いてカップの本体とソーサーを制作する。取っ手を制作する。

●制作3　削り・接合（加飾を含めて2時間）

　高台はカンナを使い削り出すか，接合して取り付ける。次に取っ手などを取り付ける。その際に接合部分に細かい傷をつけドベを塗り，

 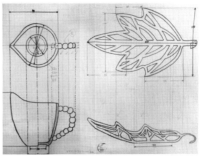

子供向けのカップ。取っ手は芋虫をモチーフに，ソーサーは木の葉をイメージ

細い粘土で補強する。基本的に同じ硬さ（生乾きの状態）の時に接合する（収縮率が違うと接合しても剥がれ落ちやすくなるため）。

削りや接合のタイミングを理解し，効率よく制作を進めさせるよう指導する。乾かしながら（養生しながら）の作品制作となるため，適度な乾燥状態を保つ工夫をさせる。

●加飾

生乾きの状態の時に彫り模様やスタンピング等の加飾を施す。

●成形終了後に乾燥

成形終了後に計測を行い，重い作品は厚みが均一になるよう削る。単に作品を軽くするだけではなく，普段使用している器と比較し，様々なことを考えさせ，体感させることにより理解を深めさせる。

●窯詰め・素焼き（放課後や夏季休業中等，授業時間以外で実施）

●下絵付け・施釉（2時間），窯詰め・本焼き（放課後等，授業時間以外で実施）

●鑑賞・合評会（2時間）

作品の意図や表現の工夫などを感じ取り，自己の作品についても評価するとともに，完成作品を実際に使うことで，工芸が生活や社会の中で果たしている役割などについて理解する。社会的な視点に立ってよさや美しさを感じ取り，作者の心情や意図と制作課程における工夫や素材の生かし方，技法などについて考え，見方や感じ方を深める。合評会の趣旨を理解し，全員の作品を鑑賞し，社会的な視点に立って使う人や場などに求められる機能などを考え，意図に応じて創意工夫し作品を制作しているか等の観点に立ち，批評し合い，見方や感じ方を広げる。ワークシートに自分の考え方をまとめる。

今回の実践では，題材の目標を明確にし，学習指導と学習評価を一体的に捉えた授業づくりを通して，生徒が学習の狙いや作品制作の意図を理解し，一人一人の学びが高まることを実感することができた。

（平野信子／千葉県立幕張総合高等学校）

題材名　　身近な生活と工芸「ペーパーナイフをつくる」

対象学年　第1学年（工芸Ⅰ），第3学年（芸術総合工芸）

総時間数　12時間

題材の概要

　日常，身の回りにあって，手で持って使う道具の機能と作用について考えさせる。身の回りの握って使う道具を観察し，それらの特徴や機能性，形状の美しさや意味について調べたり感じたりしたことを，ペーパーナイフのデザイン及び制作に生かす。

　木の特徴や加工方法を理解し，様々な用具を意図に応じて使い分け，素材のよさを生かした形状や感触，機能性を追求する。

　身の回りの道具の形とその背景を，観察・制作・使用する一連の活動の中から理解し，より便利で使いやすく美しいものを生み出そうと創意工夫する態度を育てる。

指導目標

①知識及び技能：造形的な視点を豊かにするために必要な知識を獲得し，対象や事象を捉える造形的な視点について理解を深める（知識）。表現における創造的に表す技能。意図に応じて制作方法を創意工夫し，創造的に表すことができるようにする（技能）。

②思考力・判断力・表現力等：表現における発想や構想，造形的なよさや美しさ，表現の意図と創意工夫，工芸の働きなどについて考え，思いや願いなどから心豊かに発想し構想を練ることができるようにする（発想や構想に関する資質・能力）。鑑賞における見方や感じ方など，価値意識をもって工芸や工芸の伝統と文化に対する見方や感じ方を深めることができるようにする（鑑賞に関する資質・能力）。

③学びに向かう力，人間性等：主体的に工芸の幅広い創造活動に取り組み，生涯にわたり工芸を愛好する心情を育むとともに，感性を高め，工芸の伝統と文化に親しみ，生活や社会を心豊かにするために工夫する態度を養う（主体的に取り組む態度）。

題材の展開

●第1週（導入2時間）

私たちが日常使用している道具について，その機能や作用を使用目的やその道具の形の持っている背景なども考慮に入れ，実際に使用観察することで考えさせる。握って使う様々な道具や作品を事前に用意し，気になったものについて，その機能や形状，操作性や感触などをよく観察したり試したりさせる。その際それらの内容は，事前学習プリントに必要事項を記入しながら確認・考えさせる。

●第2週 展開1（発想・構想2時間）

第1週で観察した道具の機能性や形の特徴を参考にしたり，独自に発想したりしながら，ペーパーナイフのデザインを考える。条件は「持ちやすい持ち手と切りやすい刃」とし，アイデアスケッチ後，実物大の平面図を描かせる。注意としては，切断・削りを考慮し，余裕をもった幅や長さ，材料有効利用のための木取りを考えさせる。平面図

握って使う様々な道具（教員用意）
よく観察し，右のような事前学習プリントに，例に倣って「製品名 形状と寸法」「使用者と使用場面」「形の特徴」「握った感触，利点」を記入する

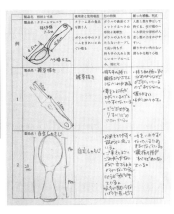

を個々にチェック後，カーボン紙で木に転写させる。

　配付材料：300mm × 50mm × 10mmのエンジュ，紙やすりセット。

● 第3 ～ 5週　展開2（制作6時間）

① 木のデザイン輪郭切断：電動糸鋸使用。電動糸鋸の安全で正確な切断に必要な注意点を，実演をしながら説明した上で使用させる。

② 刃の部分の削り：かんな，切り出しナイフ，彫刻刀など，それぞれの道具の安全な使用方法（準備，調整，手つき，片付け），材料の固定の仕方（Cクランプまたは木工万力），木目に対する刃の向き（逆目，順目の見きわめ）など，実演・説明した上で作業をさせる。また，随時参考作品の刃の厚みや角度，形状を観察させ工夫させる。

③ 持ち手の部分の削り：棒やすり，ドレッサー各種，切り出しナイフ，彫刻刀，紙やすりを使い，穴開けはボール盤使用。刃の部分の削り同様に道具の安全な使用方法を実演・説明し，それぞれの道具の特徴を踏まえ，意図に応じて使用を工夫させながら作業させる。

④ 全体のやすりがけ（紙やすり）及び試し切り：ある程度形ができあがった段階で，持ち手の握り心地を確認しながらわら半紙で試し切りをさせる。それぞれの工程において，全体への実演・説明，机間巡視による個別指導を繰り返し行う。ペーパーナイフのデザインは，作業をしていく上で，刃の切れ味や持ち手の握り心地，新たな発想等により適宜工夫・改良してもよく，道具の使用状況とともにデザ

授業風景

配布材料と使用道具類

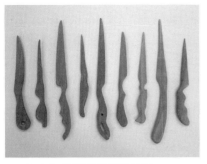
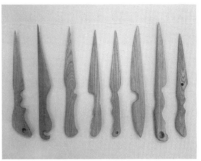

ペーパーナイフ参考作品例（教員制作）　　　生徒作品　完成作品

インの意図や工夫を個別指導で確認していく。

●**第6週 展開3（仕上げ1時間，まとめ1時間）**

仕上げ：蜜蝋ワックスを布で塗り込み，つやが出るまで磨く。

まとめ：グループごとにお互いの作品の使い心地やデザインの工夫，形状や木目の美しさなど，感想を述べながら合評する。事後学習プリントに，完成図，工夫点，反省感想，グループ内の意見等を記入して提出させる。

評価材料：事前学習プリント，平面図，作品，事後学習プリント。

まとめ

　この課題は，日頃何気なく使っている道具類に目を向け，その形状や機能，美しさに改めて気づかせることができ，ものを見る目を養える。また，木工の基礎技能習得や，デザイン→加工→使用→再加工と一連の作業が比較的手軽に短時間にできるため，工夫しながらつくる楽しさや達成感を味わえる。単にペーパーナイフをつくることだけに終わらず，日本の伝統工芸の技の素晴らしさや，生活の中の工芸の役割にまで意識が向けられるような話題提供や鑑賞をプラスしながら指導できるとよい。

（宮﨑浩子／千葉県立白井高等学校）

第5節　高等学校専門学科美術科での学び

美術科で育成を目指す資質・能力

　学習指導要領が示す美術科の目標を整理するならば，「美術に関する専門的な学習を通して，造形的な見方・考え方を働かせ，美的体験を豊かにし，美術や美術文化と創造的に関わる資質・能力を育成することを目指す。」ということになる。さらに，学習指導要領では，三つの柱によるに具体的な目標が示されている。

　すなわち，美術に関する専門的な学習を通して自己や社会を見つめ，自然や生活などの対象との関わりから美しさを発見し，それを表現に生かす中で感動したり，作品と作者やその背景にある生活や歴史，風土などに興味・関心をもち探求したりするなどして，美的感覚を働かせて対象や事象から様々なことを感じ取る力，創造性，研究心などを育む体験を豊かにすることである。生徒一人一人が感性や美意識，想像力を働かせ，造形的な視点を豊かにもち，自己や社会との関わりの中で美術や美術文化を豊かに捉え，生活や社会と創造的に関わることができるようにするための資質・能力を身に付けることが求められる。

全ての生徒に履修させる科目の再構成

　従前，美術に関する学科において原則として全ての生徒に履修させる科目とされていた「美術史」「素描」及び「構成」に，「美術概論」及び「鑑賞研究」が加えられ再構成された。「美術概論」「美術史」「鑑賞研究」「素描」及び「構成」は，美術に関する基礎となる「知識及び技能」「思考力，判断力，表現力等」「学びに向かう力，人間性等」を身に付けさせるための科目である。この5科目は美術科の学習である美術の表現と鑑賞の全ての活動に当たって，その裏付けとされる資質・能力の基底となるものを学ばせるものである。「美術概論」では，専門教科美

術を学ぶ上で重要である創造活動に関わる権利としての知的財産権や肖像権について正しく理解し，尊重する態度を育成するよう指導する必要があるとして，「(3) 知的財産権と肖像権」も扱うこととなっている。

主体的・対話的で深い学び

　指導計画の作成については，「題材など内容や時間のまとまりを見通して，その中で育む資質・能力の育成に向けて，生徒の主体的・対話的で深い学びの実現を図るようにすることが求められ，その際，造形的な見方・考え方を働かせ，各科目の特質に応じた学習の充実を図ること。」とし，美術科の指導計画の作成においては，生徒の主体的・対話的で深い学びの実現を目指した授業改善を進めることとし，美術科の特質に応じて，効果的な学習が展開できるように配慮すべき内容が示された。

　主体的・対話的で深い学びの実現に向けた授業改善を進めるに当たり，特に「深い学び」の視点に関して，各教科等の学びの深まりの鍵となるのが「見方・考え方」である。美術科の特質に応じた，物事を捉える視点や考え方である「造形的な見方・考え方」を，習得・活用・探究という学びの過程の中で働かせることを通じて，より質の高い深い学びにつなげることが重要である。

美術科における指導の充実

　美術科においては，「造形的な見方・考え方」を働かせ，表現及び鑑賞の学習の関連を図るなどして，美術に関する専門的で幅広く多様な内容について理解を深めるとともに，独創的・創造的に表すことができるようにしたり，創造的な思考力，判断力，表現力等を育成したりする過程を大切にした指導の充実を図ることが重要である。

（安田　淳／石川県立工業高等学校）

事例09　　高等学校／美術科 絵画（日本画）

題材名	作家研究「自分の好きを組み立てる」
対象学年	第2学年
総時間数	22時間

本校の概要

　東京都立総合芸術高等学校は，1学年が美術科2クラス，音楽科1ク
ラス，舞台表現科1クラスの芸術科の専門高校である。美術科は，日
本画，油彩画，彫刻，デザイン，映像の5専攻に分かれる。美術科は多
くの生徒が大学進学を目指す。3年次には，日本画専攻生徒は100号サ
イズ以上を標準とする日本画材での卒業制作を行う。

　そのために，日本画専攻では，各々の個性を大切にした発想力の伸
長と発想を効果的に表す描写力の育成を2本の柱に授業を組み立てて
いる。1年次には，日本画材での基礎的な課題等を中心に行い，2年次
には各自の追求したい主題や表現方法を課題制作を通して考え，3年
次の卒業制作に繋げている。

題材の概要

　この授業は，日本画専攻2年生を対象としている。本題材では「作
家を研究（分析）」しながら「自分の好き」を自覚的に画面に構成し表
現することを目指している。

　最初に共同して大きな静物を組み，そこから各自の「好き」な部分を
切り取り画面に構成する。30号の大きな画面を20時間で描ききるた
めには，画面全体を大きく捉え，画面内の強弱や粗密を意識し，「自分
の好き」を効果的に表す工夫が必要になる。日本画専攻生徒は，細か
い部分を描くことは好きだが，画面全体を構成する力が弱い部分があ
るために，あえて大きな画面に取り組ませている。

　この題材は，日本画材の技法習得を目指す題材ではないので，アク

リルガッシュやメディウム等の感覚的に扱える画材を使用し，M画用紙（やや厚手の画用紙）水張りパネルに描いている。各自の工夫により，箔等を使用する場合もある。

画材・用具

　30号パネルにM画用紙を水張りしたもの，アクリルガッシュ，メディウム等。

指導目標

①知識及び技能：作家のよさを分析し，構図や全体のイメージ，色彩の効果などを生かし，アクリルガッシュ等の特性を生かして表す。

②思考力・判断力・表現力等：構図や色彩などの作品分析を基に，表現したり鑑賞したりする。

③学びに向かう力，人間性等：組んだ静物から得られたよさを静物画に表す学習活動に，主体的に取り組む。

題材の展開

●第1次（2時間）題材の理解と準備

　好きな作家の画題や形体，色彩，効果的に表すための工夫などについて分析し，自分の表現に生かす課題であることを知る。取り上げる

組モチーフ

クレーに学ぶ

作家は複数でもよい。モチーフ室より自分の好きな物を運び、共同で大きな静物モチーフを組む。

● **第2次（4時間）作家作品の分析と構図の決定**

制作に客観的な視点を持てるように2点の工夫をしている。ひとつは、好きな作家作品を分析させることである。これは自分の「好き」の分析でもあり、各自のこの後の別作品の制作にも生かすことを目指している。もうひとつは、モチーフや画面が大きいことである。画面全体を把握するためには立ち上がって離れる必要がある。画面と距離を

黒田清輝に学ぶ

マグリットに学ぶ

ハインデルに学ぶ

クリムトに学ぶ

置く大切さを実感することができる。

　同じ静物モチーフを使って皆で制作することも，各自の個性を生かすとは何かを考えさせるきっかけになる。モチーフの切り取り方，画面上への構成等の表現の相違が，各々の特性を捉えるきっかけとなる。

●**第3次（4時間）マチエールや色彩の工夫**

　完成をイメージしながら制作に取り組むことは難しいが，作家を研究することで完成のイメージを想起しやすくなる。そのことで制作の初めからマチエール等の工夫などに取り組みやすくなる。

　技能的には，メディウムの活用や刷毛やローラー等も活用するなど，見たものを写すだけではなく，絵づくりを意識させる。

●**第4次（6時間）森を見る視点，木を見る視点**

　完成を意識しながら制作を続ける。画面全体を捉えて手を入れることと，細部を捉えて描き込むことの両面を意識して制作を進める。各々の得意な部分や意図のはっきりしている部分は制作が進むが，意図のはっきりしていない部分の制作が滞る場合がある。その際には作家研究に戻り，自分の好きを効果的に表す工夫について再度考察すると，制作が進むことが多い。画面が大きいために，1回の授業時間2時間で画面全体に1回は手を入れるように意識させないと制作が進まなくなる場合がある。

●**第5次（4時間）細部の描き込みと全体のバランス**

　作家作品の分析を再確認し，完成に向け細部を書き込み，全体のバランスを整え完成させる。

●**第6次（2時間）作品の分析と講評**

　作品にタイトルをつけコメントをつける。講評の際には作品について発表させるなど意図を言語化する事で制作を振り返らせ，次の制作へと繋げる。

　　　　　（中村美知枝／東京都立文京高等学校／元東京都立総合芸術高等学校）

題材名　　　木彫「動物首像の制作」

対象学年　　第2学年（彫刻専攻：6名）

総時間数　　38時間

本校美術科について

　東京都立総合芸術高等学校は美術科，舞台表現科，音楽科の3科を置く芸術科の専門高校である。美術科においては入学時から日本画，油彩画，彫刻，デザイン，映像の5専攻に分かれ，1年次には他専攻の分野についても幅広く学び，順次発展的・専門的に学んでいく。

　彫刻専攻においては主に塑造（モデリング）と彫造（カービング）といった造形の主要2要素と，様々な造形素材の特性や道具類の使用方法についても基礎から学ぶ。2年次までに授業課題や自主制作を通して経験を積み重ね，自ら追求する主題や表現方法を実現できる力を育て，卒業制作に繋げていく。

題材の概要

　上記のとおり彫刻専攻では塑造と彫造を主に行う。塑造では人間の首像や全身像，野菜や貝殻などの自然物を中心に制作している。彫造については扱いやすい素材として主に楠材を素材に木彫を行っている。

　本題材では動物の首像を木彫で制作する。比較的大きな木材を素材とする，3年次の卒業制作についで多くの時間を費やす課題である。本題材を実施するにあたって，1年次には「靴」の木彫を経験しており，道具類の使用方法を含め，木彫の基礎は既に学んでいる。また，事前課題として動物園での校外学習（クロッキー・デッサン及び油土を持参し塑造を行う）を1・2年次に1回ずつ経験しており，動物の造形に対する理解もある程度深め，対象とする動物はそこで確定している。また，写真資料をできるだけ多く準備しておくように，対象への理解

を深めるため，その動物の生態についても調べておくよう指導している。以上のような事前準備を経て，本制作に入っていく。

指導目標

①知識及び技能：モチーフとなる動物について知り，付け足しややり直しがしにくいといった彫造という技法の特性や，素材（楠材）の性質，道具類の使用方法を理解する。また，それぞれの特質を生かしそれぞれの動物独特の造形に基づいて制作できるようにする。

②思考力・判断力・表現力等：動物の特徴的な造形を捉え，各自の表現としての作品に仕上げられるようにする。また，彫造の特性を理解し，木目等に配慮しながら効率的に制作が進められるよう，使用する道具の選択や工夫ができるようにする。

③学びに向かう力，人間性等：彫造の特性に配慮しながら計画的に取り組む態度と，動物の形体を捉え，主体的に表現する姿勢を養う。

題材の展開

●事前学習（動物園校外学習など）

対象となる動物の取材及びデッサンやマケットの制作，各種資料の準備を行っておく。資料画像等は生徒各々に1,820×910mmのベニヤ板1枚を与え，いっぱいに貼らせる。

●第1次（4時間）玉切り

φ400×3,000mm程度の丸太材を，オガ（大型の鋸）を使い手挽きで人数分に切断する。チェーンソー等は使用せず，手挽きすることで素材を感じ，これから始まる彫りによってできていく造形をイメージするよう指導する。道具使用時はもちろん，

油土によるマケット

制作中の生徒の様子　　　　　　　　生徒作品例（制作中）

木材運搬の際にも危険を伴うので，安全指導は徹底する。

●**第2次（6時間）粗取り**

　目的の形体に近づけるため，朱墨で木材に直接デッサンを取り，オガまたは両刃鋸を使用して不要な部分を大まかにカットしていく。与えられた木材を有効活用し，必要に応じて耳や鼻先などの部材も切り出す。必要な部分まで切り取らないよう，デッサンは様々な角度から確認して丁寧に行わせ，資料も十分に活用するよう指導する。

●**第3次（12時間）彫りを進める**

　鑿を使用し，徐々に目的の形体に近づけていく。大きな怪我にも繋がりかねないので，使用方法や姿勢，服装（長袖長ズボン，運動靴）などの指導を徹底する。根気と体力が必要な工程が続くので，適宜休息を取らせ，並行して距離を取って観察し，常に木材にデッサンを取り続けることも指導する。

　鑿による作業効率を上げるため，状況によりチェーンソーを使ってスリットを入れたり，電動ドリルで穴や窪みを作らせることもある。これらの工具の使用方法や留意点についても改めて指導する。

●**第4次（10時間）細部**

　状況に応じ，鑿の形状（丸鑿や平鑿）やサイズなども使い分けをし，目や口元などの細部まで造形するよう指導する。ただし細部にこだわり過ぎず，全体の形状（マッス・ムーブマン等）の把握を優先するよう

生徒作品例（制作中）

合わせて指導する。

●**第5次（5時間）マチエール**

　表面の質感にも意識を向けさせ，肌や毛，目などの質感も表現していくよう指導する。対象のイメージに近づけていくとともに，生徒自身の完成イメージを明確に持たせながら進めさせる。

●**第6次（1時間）講評会**

　完成した作品を一堂に並べ，講評会を行う。単純に似ているかどうかではなく，対象の特徴を捉えるのはもちろんだが，自分なりに対象から得るイメージを表現してほしい（作品化）。

　なお，本課題ではこれまでのところ着彩までは行わせていないが，今後は検討していきたい。

まとめ

　彫造の課題は，本校では木彫のみ実施している。石彫なども取り入れたい思いは強いが，設備の面などで難しい。また，彫造は本格的な素材を使用するとどうしても時間がかかり，強い根気と体力が必要になる。それでも彫造（木彫）に強い魅力を感じる生徒は多く，卒業制作では更なる大作に挑む生徒もいる。これは，塑造ではなかなか接することができない，素材（実材）に対する感動なのかもしれない。彫刻に取り組むにあたっては，造形はもちろん素材に関しても強い関心を持ってもらいたい。また，専門学科で彫刻に取り組む生徒には，普通高校ではなかなか体験できない，彫造や実材の魅力を感じ取ってもらいたいと考えている。　　　　　（河合茂晴／東京都立総合芸術高等学校）

第6節　中等教育学校における学び

中等教育学校における学びの意義とは

　中高一貫教育の実施形態には，以下の三つがある（文部科学省「中高一貫教育の概要」）。

①中等教育学校：一つの学校として，一体的に中高一貫教育を行う。

②併設型の中学校・高等学校：高等学校入学者選抜を行わずに，同一の設置者による中学校と高等学校を接続する。

③連携型の中学校・高等学校：市町村立中学校と都道府県立高等学校など，異なる設置者間でも実施可能な形態であり，中学校と高等学校が，教育課程の編成や教員・生徒間交流の連携を深めるかたちで中高一貫教育を実施する。

　中高一貫校は，生徒や保護者が6年間の一貫した教育課程や学習環境下で学ぶ機会をも選択できるようにすることにより，中等教育学校の一層の多様化を推進し，生徒一人一人の個性をより重視した教育の実現を目指すものである。いずれの形態にしても，中学校での学びをスムーズに高等学校へ積み上げていくことで生徒がより深く学べることが期待できる。

　特に中学校美術・高等学校美術科は，他教科に比べて学習指導要領の学習内容が抽象的な部分も多いため，教師によって様々に解釈され，異なった題材が設定される。ゆえに一つの学校の中で，一体的に学びを積み上げることができるのは，似たような題材の重なりが避けられ，少ない時数の中で有効に時間を使え，生徒が学びを深めるために大変有効であると言える。

一体化をどのように捉えるか

　新学習指導要領では，行事，道徳，総合的な学習の時間，そして他教

科を含め，教育の目的や目標の実現に必要な教育の内容等を教科等横断的な視点で組み立てるカリキュラム・マネジメントを推進している。中高一貫校では，それを6年間というスパンで考えることができる。学校教育を通して育成を目指す資質・能力を「知識及び技能」「思考力，判断力，表現力等」「学びに向かう力，人間性等」と同じ目標のもと一体化のカリキュラムを組むことは生徒の学びの充実に大きく関わる。本節では中学校美術，高等学校芸術科美術という中で，どのように一体化を図っていくかに焦点をあてる。まず，一体化を連続性と捉え，美術の授業で育みたい能力を単発ではなく，連続的に系統的に育むことと考える。

　授業で一つの題材を行えば，同時に複数の能力を育む。しかし，学校の育てたい生徒像（教育目標）と生徒の実態を考え合わせ，教師が最も育みたい能力を明確にし，それを軸に題材を連続的に設定し，確実に育むということを行いたい。

育む資質・能力を主軸とする美術科授業計画

　例えば「育む資質・能力」を学習指導要領から下の図のように抽出し，ここに生徒の取り組みを段階的・連続的に配置していけば「主に育む能力」を確実に育んでいくことができるだろう。このように連続性について考え，積極的に美術科に取り入れていくことは重要である。

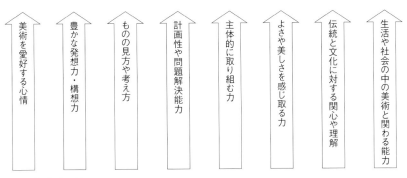

美術を愛好する心情　豊かな発想力・構想力　ものの見方や考え方　計画性や問題解決能力　主体的に取り組む力　よさや美しさを感じ取る力　伝統と文化に対する関心や理解　生活や社会の中の美術と関わる能力

育む資質・能力の例

この育む能力を主軸に，そのほかに題材や使用するツールとの組み合わせで，中学校第1学年から高等学校第1学年（芸術科美術I）までの積み上げを意識した計画案を次にあげたい（中高一貫校では，美術II，IIIの設定のない学校が多い）。

育む能力を主軸とする美術科授業指導計画

　以下，表中の①②③は，学校教育を通して育成を目指す資質・能力を意識した評価の基準である。

　①「知識及び技能」　　　　　②「思考力，判断力，表現力等」

　③「学びに向かう力，人間性等」

(1)「豊かな発想力・構想力を育む」ことを育む能力の主軸とし，「PC」という同じツールを使いながら積み上げる計画案

芸術科美術I 高等学校	A表現（1）Music Videoを作ろう ①映像メディア表現の特質や表現効果を理解している。 ②映像メディア表現を生かし自分の思いや感情，考えを伝える表現を創造している。 ③自分や他が表現したものの意図や心情を感じ取る感性を高める態度を養う。
第3学年 中学校美術	A表現（1）空間を表現しよう ①奥行きや立体感を出す技法を知り，自分の主題を創造する方法を理解している。 ②自分の主題をもとに想像力を働かせ創造的な構成を工夫している。 ③パソコンを利用することで新たにできる形や色の表現の幅を広げる態度を養う。
第2学年 中学校美術	A表現（1）CMを作ろう ①「伝える」をどのように行うかを知り，自分の目的に合った発想や構想を理解している。 ②伝えたい目的や条件（情報）を多くの人に伝えるための方法や効果を模索している。 ③主体的に撮影や編集を行い，仲間と協力して作り上げる態度を養う。
第1学年 中学校美術	A表現（1）パラパラ漫画 ①意図に応じた創意工夫についての知識を理解している。 ②考えたことを絵に表現し，創造的な構成を工夫している。 ③自分が描いた絵が動くことを楽しみ，心豊かな生活を創造する態度を養う。

（豊かな発想力・構想力 ↑）

(2)「生活や社会の中の美術と関わる能力」を育む能力の主軸とし，「伝達デザイン」を通して積み上げる計画案

高等学校芸術科美術I

A表現（2）展覧会をデザインしよう

①美的体験を深め，生活や社会の中の美術や美術文化を理解している。

②自己や社会を深く見つめ感じ取ったことや考えから主題を生成し，表現をしている。

③主体的に美術の創造活動に取り組み心豊かな生活や社会を創造していく態度を養う。

第3学年中学校美術

A表現（2）校内の安心安全を考えよう

①人々に伝えるために形や色彩の効果，分かりやすさを理解している。

②使用する者の気持ちや機能を考え，造形的な美しさを総合的に考え構成している。

③心豊かに生きることと美術との関わりに関心をもち，よさや美しさを味わう態度を養う。

第2学年中学校美術

A表現（2）パッケージデザインをしよう

①市販されているパッケージなどから形や色彩などの効果について理解している。

②商品のパッケージを形，色彩，図柄，材料など総合化して構成を練っている。

③自分の身の回りにある造形的なよさについて考え，美意識を高める態度を養う。

第1学年中学校美術

A表現（2）文字でつながろう・色彩について

①一番身近なデザインを通して，形や色彩などによる表現能力を理解している。

②美的感覚を働かせて，構成や装飾を考えている。

③意図に応じて創意工夫をし美しく表現できるようになる態度を養う。

↑ 生活や社会の中の美術と関わる能力

（3）「伝統や文化に対する関心や理解」を育む能力の主軸とし，「鑑賞」を通して積み上げる計画案

高等学校芸術科美術I

B鑑賞（1）伴大納言絵巻を模写しよう

①絵巻から日本の美意識を感じ取り，美術の歴史や表現の特質を理解している。

②模写を行い，造形的なよさや作者の心情や意図について考え見方を深めている。

③創造的な表現の工夫を生かし，自分の作品に生かす態度を養う。

第3学年中学校美術

B鑑賞（1）漆について知ろう

①工芸の目的や機能と調和のとれた美しさを感じ取り，見方や考え方を理解している。

②美しい装飾や材料を生かした制作を行い，よさや美しさを表現している。

③日本文化の紹介を行うことで，継承と創造への関心を高める態度を養う。

第2学年中学校美術

B鑑賞（1）東京国立博物館を訪問しよう

①日本の文化の統括的な変遷について理解している。

②かるたに表現することで，ことばや造形表現を使い，自分の価値意識を表現している。

③日本の美術や伝統文化に対する理解と愛情を深める態度を養う。

第1学年中学校美術

B鑑賞（1）東京国立近代美術館工芸館を訪問しよう

①日本の伝統工芸に触れることで美術文化を理解している。

②新聞形式にまとめることで造形的なよさや美しさ，作者の心情や意図と表現の工夫について考え表現しようとしている。

③絞り染めや草木染めを体験し，生活における美術の働きを感じ取る態度を養う。

↑ 伝統と文化に対する関心や理解

上記の（1）から（3）は当然ながら，各学年の中の一つの題材に過ぎない。発達段階を考えながら，絵画・デザイン・工芸・彫刻などの分野を全体的に体験できるようなカリキュラムを組むこととなる。ほかに以下のようなことを考慮しながら年間計画を立てる。

◎学校だからこそできる体験：生徒は自分の生きている世界に興味をもち，価値観や人の多様性を感じ取る。美術だからこそできるような体験の中から新たな視点を発見させたり，発想させたり，驚きや面白さを感じ取る。

◎自分の作品を通して，人とのつながりを感じ，自信をつけ，自己肯定感を高める。自分が面白いと思った喜びや感動を人に伝え共有できるようにする。

◎美術館や社会で活躍する美術関係者との連携：専門家には授業では伝えきれない生の感動を生徒に伝えることができる。総合的な学習の時間なども活用し，積極的に場を設定する。

・講演会（文化庁のアーティスト派遣事業の活用）

・和紙工芸アーティスト吉岡秀行氏とのワークショップ（研究会などで知り合ったアーティストを招待）

・出光美術館：学芸員，黒田泰三氏の講演会（絵巻物）

・国立近代美術館工芸館との連携出前授業（漆工芸）

・アーツ千代田3331との連携活動（「展覧会を作ろう」の活動に対し，中村政人氏の助言（2011年））

　以下，事例11〜14は，（2）「生活や社会の中の美術と関わる能力」を育む能力を主軸とした「伝達デザイン」を通して，中学校美術から高等学校芸術科美術Ⅰへと積み上げる実践である。

（落合良美／東京都立小石川中等教育学校）

事例11　中等教育学校／美術科

題材名	文字でつながろう
対象学年	第1学年
総時間数	8時間（レタリング理解の時間を含む）

題材の概要

　前述した「育む能力を主軸とする美術科授業指導計画」から「伝達デザイン」を通して積み上げる計画案実践について紹介する (pp.218-219)。

　他の中高一貫校とのコラボレーション授業として実施。本校（東京都立小石川中等教育学校）の生徒がオリジナル「A」の文字をデザインし，もう一方の学校（東京都立両国高等学校附属中学校）の生徒が何も説明を聞かずにシリーズの「B」を制作する。その後，どのような意図でデザインしたかなどお互いに情報交換を行う。顔を見たこともない相手に「デザインの要素で，他者に伝えたいことを伝えることができるか」にチャレンジする。事後の情報交換で「自分のデザインの意図を感じ取ってもらうことができたのか」または「相手のデザインの意図をくみ取ることができたのか」を検証することで，他者へ伝える表現について考えを深める。

指導のポイント

①一番番身近なデザインを通して，形や色彩などによる表現能力を身につける。

②美的感覚を働かせて，構成や装飾を考える。

③他者との関わりを意識する。

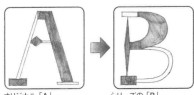
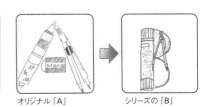

オリジナル「A」　　シリーズの「B」　　オリジナル「A」　　シリーズの「B」

事例12　　中等教育学校／美術科

題材名　　パッケージをデザインしよう

対象学年　第2学年

総時間数　12時間（箱の展開図の理解や鑑賞の授業も含む）

題材の概要と展開

　自分の特性について考え，それを生かし，誰かの役に立つ製品や商品を開発する。自分のもっている何かが何かの役に立つと認識することで，自己肯定感を高める狙いもある。それを商品化していく過程や，パッケージを制作する過程において「伝える」ということを意識し，内容にふさわしい形や色を選択する。

指導のポイント

①市販されているパッケージなどから形や色彩などの効果について理解する。

②商品のパッケージを形，色彩，図柄，材料など総合化して構成を練る。

③形や色彩など自分の身の回りにある造形的なよさについて考え，美意識を高める。

上：アイディアをまとめパッケージとして制作
左：アイディアをまとめパッケージの中身を紹
　　介するプリント

事例13　中等教育学校／美術科

題材名　　校内の安全を考えよう

対象学年　第3学年

総時間数　12時間（提示や鑑賞の時間も含む）

題材の概要と展開

　グループで校内を調査し、「安心・安全・不便」などの観点から課題を見つけ、「美術の力」で解決する活動である。「美術の力」で何ができるかを考えることが必要であり、これまでに学んできた形や色、表現方法を工夫したり、見やすい、邪魔にならないなどの掲示の方法についても考える。

指導のポイント

①世の中の問題を見つけ、美術の活動を通じて解決することで主体的に心豊かな生活を創造する意欲と態度を養う。

②使用する者の気持ちや機能を考え、造形的な美しさを総合的に考え構成する。

③心豊かに生きることと美術との関わりに関心をもち、よさや美しさを味わう。

上：〔課題〕トイレに続く廊下は利用者が多く、出合頭にぶつかりそうになることがあり、危険である。〔解決方法〕廊下の両方向から足跡を表示し、死角から人が来るかもしれないことを認識させ、危険を回避できるようにする。
左：作品の近くに問題点を示したキャプションをつける。

題材名　　　展覧会をデザインしよう

対象学年　　第4学年

総時間数　　24時間（展示作業や展示期間は除く）

題材の概要と展開

　学校という場以外で活動することにより，社会のシステムを知り学校以外の人と関わる。また，展覧会のコンセプトを考え，作品制作から展示まで社会を意識した活動を行う。この展覧会では，多くの小さな子供が訪れる展覧会を同時に行っている会場（3331Arts Chiyoda，東京都千代田区）であったため，その子供たちを意識した展覧会を企画した。

　机の下に作品を飾ったり，踏み台に乗って作品を鑑賞したり，作品を見る高さにこだわった展覧会とした。また，小さな子供たち対象のワークショップを開いた。会場の関係者，印刷業者，会場を訪れる鑑賞者など多くの人達と関わった。社会と実際に関わりながら主体的に豊かな生活や社会を創造する能力を養うことを目標としている。

指導のポイント

①美的体験を深め，生活や社会の中の美術や美術文化と深く関わる資質・能力を養う。

②自己や社会を深く見つめ感じ取ったことや考えから主題を生成し，表現を工夫する。

③主体的に美術の創造活動に取り組み心豊かな生活や社会を創造していく。

展覧会に来た子供たちとワークショップを開催

上：展示風景
左：展覧会に来た人が参加し，一緒に作品を作る場

まとめ

　事例11〜14で紹介した題材などは，一つの学校の中で「学校の教育目標」「生徒の実態」「地域で活用できる人や施設などの資源」など様々な条件を総合して作り上げた授業計画となる。常にそれらの要素に気を配り，目の前の生徒にとって一番必要な「学び」を選択し，深める方法を研究し，実践していくことが大切である。

（落合良美／東京都立小石川中等教育学校）

第4章　連携がつくる学び

第1節　連携の学びと意味

学習における連携

　日本の学校教育は，学校教育法で定められた学校制度の下で行われている。学校は学齢に応じて校種と学年に分け，それぞれの年齢に応じた学習内容を，おおよそ均質な発達状況の中で効率的にかつ系統的に習得する構造となっている。このような学校制度では，効率性を優先する余り，時には多様性を排除する方向で働いてしまうことがある。

　これからの時代は，知識を系統的に学び身につけるだけでは生きてはいけない。なぜならば個人のもっている知識量はインターネットで検索できる膨大な情報量と比べたらほんのわずかである。そのように考えると必要な知識を必要に応じて，自分自身の経験や自分以外の情報世界から引き出し，活用する能力が求められていることに気づくだろう。つまり，何が必要なのかを理解した上で知識を入手する力が必要となるのである。

　さて，学習における教科内容の系統性を縦糸とすると，このような直線的な学びに対して他教科との連携は横糸と言える。この横糸を通すことにより直線的な学びが他の知識とつながり，そして広がりをもった面となる。さらには学校という制度社会から現実社会に学びの場を開いていくことにより，学校では接することのないヒト，モノ，コトが平面的な学びの世界を立体的な知の構造として立ち上げてゆく。

　例えば，インターネットのウェブは，様々な情報がまるで立体的で重層的な蜘蛛の巣（spider's web）のように張り巡らされ，多様な世界に瞬時にアクセスできる。またひとつのルートが遮断されても，いくつもの異なるルートが情報の入手を保障してくれる。その複雑さは縦糸と横糸で織りなす2次元の情報伝達システムを超えた立体的な，まるで巨大な脳のような構造がイメージできよう。しかし，その巨大な人

工的な脳の世界だけでは物事は生まれず，そこには情報を生きて働かせる人間の思考と行動が必要なのである。

　今まで学校教育の学びは，教科制という縦糸に総合的な学習の時間という横糸を入れただけのものであった。平成29・30（2017・18）年版の学習指導要領では，より細かな横糸として，カリキュラム・マネジメントという異なる教科との連携，そして社会に開かれた教育課程という斜めに張り巡らされた糸が入り，異なる校種や，地域社会とのつながりや連携を実現させ，ひとつの学びが重層的で立体的な知の世界を構築し，それらを生きて働く知識・技能として構造化し，活用する能力の獲得を目指している。連携の必要性は，学習者自身が社会との関係性を積極的に紡ぎ出し，これからの社会をつくる一員となることにある。

　さて，改めて「連携」とは何か考えてみたい。連携の意味は，連絡を密に取り合って，ひとつの目的のために一緒に物事をなすことである。連携を考える場合，この「共通する目的」が重要であり，連携する双方において目的の共有が必要となる。そのためには教師自身に連携を生み出すための，学びに対する問題意識と目的共有のための説明能力（プレゼンテーション能力），対話する力（コミュニケーション能力），そして行動する力が求められる。

答申に見る地域との連携

　平成7（1995）年4月，当時の文部大臣与謝野馨は中央教育審議会（以下，中教審）に対し平成10（1998）年度の学習指導要領の改訂に向けて「21世紀を展望した我が国の教育の在り方について」の諮問を行った。諮問は主に次の3点である。

①今後における教育の在り方及び学校・家庭・地域社会の役割と連携の在り方

②一人一人の能力・適性に応じた教育と学校間の接続の改善

③国際化，情報化，科学技術の発展等社会の変化に対応する教育の在り方

　その諮問①の学校と地域との連携に関する内容の箇所で，次のような説明がついている。「今日，受験競争の過熱化，いじめや登校拒否の問題あるいは学校外での社会体験の不足など，豊かな人間形成を育むべき時期の教育に様々な課題がある。

　これらの課題に適切に対応していくためには，今後における教育の在り方について基本的な検討を加えつつ，子どもたちの人間形成は，学校・家庭及び地域社会の全体を通して行われるという教育の基本に立ち返り，それぞれの教育の役割と連携の在り方について検討する必要がある。」

　この諮問に対し平成8（1996）年7月19日，中教審1次答申「『21世紀を展望した我が国の教育の在り方について』〈中教審第一次答申の骨子〉」では「今後の教育では学校・家庭・地域社会全体を通して，［生きる力］をはぐくむことを重視。」とし，〈取組〉として具体例などが示された。

　この答申を受けて，平成10（1998）年度告示の学習指導要領において地域との連携が反映されていくが，答申等に示された特別非常勤講師制度の活用，ALT，SEの増員等の「学校外の社会人の活用」や学校評議員制度などの「地域住民の学校運営への参画」，総合的な学習においての地域学習，地域のゲストティーチャー活用の範囲に止まり，次の改訂まで連携の意味について深く掘り下げられた実践や事例はほぼ見あたらない。このことは，答申が連携に関する環境及び条件整備等のあり方を示しただけであり，子どもたちの学びを創造する視点から捉えた「地域との連携」について触れられていないからであろう。

　平成17（2005）年10月26日，平成20（2008）年度の改訂に向けて中教審より出された「新しい時代の義務教育を創造する（答申）」の中に「21世紀の学校は，保護者や地域住民の教育活動や学校運営への参画

等を通じて，社会との広い接点を持つ，開かれた学校，信頼される学校でなければならない。」という指摘がある。

　この答申文と，平成8年の答申とを見比べると10年間の歩みの中で，地域の教育力を学校運営にも取り入れようとする変化が見える。

　そして約10年後，平成28（2016）年12月21日「幼稚園，小学校，中学校，高等学校及び特別支援学校の学習指導要領等の改善及び必要な方策等について（答申）」では，地域との連携を積極的に推し進める「社会に開かれた教育課程」と，他教科との連携を考えた「カリキュラム・マネジメント」が示された。この「社会に開かれた教育課程」と「カリキュラム・マネジメント」は，今までの地域連携や教科間連携をより一層推し進めるもので，今回の教育課程のキーワードのひとつとなっている。このように3つの改訂を見比べてみると，連携の意味が少しずつ変化してきたことがうかがえる。

社会に開かれた教育課程

　先述の「幼稚園，小学校，中学校，高等学校及び特別支援学校の学習指導要領等の改善及び必要な方策等について（答申）」の第4章に「『社会に開かれた教育課程』の実現」が書かれている。そこでは冒頭に「新しい学習指導要領等においては，教育課程を通じて，子供たちが変化の激しい社会を生きるために必要な資質・能力とは何かを明確にし，教科等を学ぶ本質的な意義を大切にしつつ，教科等横断的な視点も持って育成を目指していくこと，社会とのつながりを重視しながら学校の特色づくりを図っていくこと，現実の社会との関わりの中で子供たち一人一人の豊かな学びを実現していくことが課題となっている。」とある。平成20（2008）年の同様の答申[*1]では，答申148頁中146頁目に記載されているのに対し，平成28（2016）年では243頁中19頁目に登場していることからも，社会との関わりが教育課程を編成する上での重要な視点のひとつであることがわかる。

さて，平成28年の答申から特に大きく発展した点はアンダーラインで示した部分であろう。平成20年に出た答申では「家庭の教育力は学校で代替できる性質のものではない」と，家庭教育の責任と連携を明記した上で，「現在，学校教育は，勤労観・職業観の育成や道徳教育，環境教育，伝統や文化に関する教育，体験活動の充実など多岐にわたる課題に直面している。」とし，学校5日制の中での「放課後子どもプラン」事業，また地域での職場体験などの体験活動に連携を求めていた。それに対して平成28年の答申では，連携は各学校の教育課程，すなわち各教科等の学習内容や方法まで踏み込む地域との連携について示されたことに大きな違いがある。

連携：ひとつのエピソード

　教育課程で社会とのつながりが強化され「社会に開かれた教育課程」が取り入れられた背景のひとつに，東日本大震災からの復興過程がある。大震災によりそれまでに存在した地域や家庭，組織など生きる上で必要とされる様々な関係性が分断された中，どのように新たな関係性を構築し，この未曾有の災害から復興するのかは，国内のみならず世界が注目するところとなる。なぜならば現代社会はVUCA（Volatility［変動性］，Uncertainty［不確実性］，Complexity［複雑性］，Ambiguity［曖昧性］の頭文字を並べた造語）の時代と言われ，そのような曖昧で，複雑，不確実で，何が起こるかわからない未来に対し，教育でいかに未来を切り開けるかという全世界的な課題が，東日本大震災の復興と重ね合わせられ，そこにOECD（経済協力開発機構）が「人類がこの困難をどのように乗り越えていくのか」を注視し，これからの教育に必要な能力を見極めようとした。そして福島大学を中心に東北の復興を願う大学生，高校生，中学生が集まり，異校種の混成集団OECD東北スクールが組織され，壮大な教育実験としてのプロジェクト学習（文部科学省復興教育支援委託事業）が，震災の翌年，2012年3月からス

タートした。参加者のメンバーは津波で家族を失ったり家を流された生徒，放射能汚染でふるさとを失った生徒など，また風評被害で苦しむ若者など，地域の復興を真剣に考え，新たな地域のあり方を模索しようとする若者たちである。

　このプロジェクトは目的を「2014年8月，パリで東北の魅力を世界にアピールするイベントをつくる」とした。経験のない学生や生徒たちにとっては不可能とも思える壮大なプロジェクトであったが，学生たちが幾多の困難を乗り越え，自ら資金調達もし，発足から2年半でパリのシャン・ド・マルス公園で東北復幸祭を実現させた。

　OECDはこのプロジェクトを通して，子どもたちが地域課題を自分たちの課題と捉え，仲間や地域の大人たちと積極的に関わり，この難題を乗り越えていく姿に，これからの時代に必要とされているコンピテンシー（能力）の獲得を認め，それまでOECDでは注目していなかった努力とか粘り強さとか，人間のもつ情意的な能力としての人間性等を学力のひとつとして認知していった。それが平成29・30（2017・18）年版の学習指導要領に「学びに向かう力・人間性等」として反映されていく。「学びに向かう力・人間性等」は，すべての学習を成立させる大前提であり，学習の深化とともに育っていくものでもある。

　このように地域という学習フィールドは子どもたちを真剣にさせ，生きる上で必要な関係性を構築する大きな可能性をもっていると注目

OECD東北スクールを運営した学生や高校生たち

バルーンの高さは津波の高さに合わせた

されていく。また異年齢とのコラボレーションや，多様な業種の大人たちとの協働についても，学校という枠を超えなければ得られないものであり，地域にある教育資源を活用し，自己と地域の関係性から主体的に未来を創り出す学びを構築するために「社会に開かれた教育課程」が取り入れられていく。

学習の場として地域をどのように捉えるか

　学校の教育課程は教科，道徳（特別の教科），特別活動，総合的な学習の時間で構成されている。教科指導では，知識の習得（実質陶冶）を中心に展開する教科と，人間性や社会性，健康や体力などの育成（形式陶冶）に重きをおく教科によって構成されている。このような教科の特徴から地域を捉えたとき，教科によって連携のしやすさや方法の違いなど，地域の連携に求める内容の違いがあるが，地域連携は実質的な学びと形式的な学びを統合する学習の場と捉えることができるのではなかろうか。学習者の習得した知識や技能を個人の頭の中だけに留めておくのではなく，学びを実生活や社会で生かしていくことは現代社会の課題でもある。なぜならば，次々に新しい技術が生まれ，獲得した知識を日々更新していかないとこれからの社会では豊かに生きていけないからである。

　例えば地域との連携において，埼玉県戸田市教育委員会では積極的に地元企業などとの連携を進め，平成30（2018）年には70社との連携が生まれている。この取り組みは企業にとってもCSR（社会貢献）活動として企業イメージを高めるとともに，企業自体を知ってもらうことにもなる。各学校においては学校の閉鎖性を壊し，教育現場にリアルな社会の動きを反映させ，キャリア教育や教師自身の意識改革にもつながっている。また，複数の大学や教育研究機関と連携し教育成果の検証も行っている。この取り組みは学校と企業，そして教育研究機関とのコラボレーションで成立している。

連携開発

　地域に企業が多い戸田市の連携事例を示したが，地域によって実情は千差万別である。よって連携開発においてまず着手するには，地域資源の発見が課題となってくる。全国には山間部でこれといった産業もなく，多様な情報の入手が難しい地域も多いが，そのような場合は，インターネットを活用した連携開発や連携を希望する相手との直接的な接点を創出することも考えられよう。いずれにしても地域の実態を捉え直す活動が大切である。

　地域の教育資源は，校内研修などで個々の教員が把握している地域情報を集めたり，総合的な学習などで学習者が自らテーマに応じて収集したりすることもできる。そのようなリサーチにより，個々の情報は地域という枠組みの中で教育資源として意味づけされ，初めて連携開発として大きな価値ある情報となる。例えば情報を可視化し共有できる教育資源地図を作るワークショップを行い，地域の文化，産業，人材，環境，組織など，マップにわかりやすくアイコンで印をつけてみたり，データベースを構築し活用するなども考えられる。いつも見ているのに，案外気づいていない資源は多い。ワークショップやグループワークを通して発見され，意味づけされ価値化されるものも多々あるだろう。

　それらの情報をどのような学習に活用するのかが連携開発になる。この連携開発には教科の視点が必要になる。美術科で言えば，美術文化という視点からは，地域の伝統文化を活用した学びが考えられる。産業という視点では，特産品をアピールするロゴマークや自然や四季の美しさをテーマにした和菓子のデザイン，包装紙のデザインなど商店街との連携事例もある。

　人材活用では，地域のアーティストや職人，また美術に関わる仕事や，美術の能力を活用して仕事をしているデザイナーなどの協力を得ることも考えられるだろう。環境では自然環境や生活環境をテーマに

した題材などが考えられる。行政機関の環境部門などとの連携も考えられるだろう。組織や施設では，学校などの教育機関や，老人ホームなどの介護施設，公民館や美術館等の社会教育施設など，数え上げたら切りがない。

　こうした地域の教育資産を美術に活用することで，学習者の身のまわりから生活と美術が関連づけられ，生きて働く知識・技能として習得され，学びを人生や社会に生かそうとする学びに向かう力・人間性等の涵養につながっていく。

他教科との連携

　本来人間の脳で行われている思考や判断は，学校の教科のように学習領域ごとに仕切られて個々に行われているものではなく，それまで獲得してきた様々な経験や学びを統合し，総合化して行われている。また教科の学習においても教科以外の異なる知識や出来事とつながることで学びとして定着しやすい。

　このような「意味の関連づけ」は，孤立した知識を他の知識と結びつけ，問題解決を図るための生きた知識に変えるとともに，異なるもの同士を出会わせ全く新しいモノやコトを創造する力にもつながり，21世紀型スキルにある「イノベーション」とも関連が深い。大人になれば物事を概念化し処理する能力が高まるとともに，幼児がままごとの中で葉っぱを食器や食べ物に見立てるような，異なるものと意味との組み合わせで新たな意味や価値を創り出すような想像力が不足していく。他教科との連携はしなやかな発想力を維持するためにも必要であろう。

　一方，美術の特性を他教科に生かす視点では，次のような考え方ができる。

　私たちは出来事を言語化，数値化する以前に直感的または感覚的に対象や事象を捉えている。美術はこうした直感的，感覚的なイメージ

を造形的な視点から捉え，曖昧なものや微妙なもの，雰囲気，人々の感情や印象など，数値化しにくい，また文字言語や音声，記号等で表しきれない表現や伝達などを扱っている。

　このような美術がもつ曖昧さ，人によっての感覚のばらつきは，多くの人々に対しての伝達の正確さや客観性を持ち得ないと指摘される点でもあるが，私たちの思考や様々な事象は数値や言語だけで表現できるものではなく，数値化，言語化できる客観性や事実と，人々の心に直接働きかける感情や主観，印象を双方で補完し合いながら日々の生活や，思考や判断，そして表現を支えている。そのように考えると美術はすべての教科と親和性が高い学びであり，教科制で分断されている学校教育において，獲得した知識を生きて働く知に変え，様々な知識を統合し，新たな知を生み出そうとする創造的な能力が教科連携で養われると言えよう。

　また，学ぶ意欲との関連では，一見関係なさそうな知識が他の知識とつながることで学びの楽しさを知ることができる。そして，点や線的な知識が思わぬ知識とつながり，立体的な知の世界をつくり出したときに「生きて働く知の構造」が生まれてくると考えられる。

（三澤一実／武蔵野美術大学）

*註

1 —— 中央教育審議会「幼稚園，小学校，中学校，高等学校及び特別支援学校の学習指導要領等の改善について(答申)」2008年1月17日。

第2節　連携を生む「美術」の力

カリキュラム・マネジメント

　平成10 (1998) 年度には，学びを生きて働く知として活用させよう
と総合的な学習の時間が登場したが，今回のカリキュラム・マネジメ
ントは教科での学びの統合だけではなく，学習過程においても他教科
の学びを活用させるという学び方の改革でもある。そのねらいは教科
連携により，他教科で獲得した知識を活用して新たな知識を獲得する
という学習の方法だけでなく，各教科で得た知識を統合して新たな知
識や技能を創造する発想力などの能力（イノベーティブな思考）の育
成も視野に入れたものである。

　このカリキュラム・マネジメントは，各学校の作成する教育課程を
どのようにデザインし実行するかという学びのマネジメントを求め
ているものであるが，その点において全教科をつなぐ接着剤として美
術科の役割は大きい。カリキュラム・マネジメントについて 平成28
（2016）年12月21日の答申では「カリキュラム・マネジメント」の三
つの側面を次のように挙げている。

①各教科等の教育内容を相互の関係で捉え，学校教育目標を踏まえた
　教科等横断的な視点で，その目標の達成に必要な教育の内容を組織
　的に配列していく

②教育内容の質の向上に向けて，子供たちの姿や地域の現状等に関す
　る調査や各種データ等に基づき，教育課程を編成し，実施し，評価
　して改善を図る一連のPDCAサイクルを確立する

③教育内容と，教育活動に必要な人的・物的資源等を，地域等の外部
　の資源も含めて活用しながら効果的に組み合わせる

　この中で特に①については教科横断の接着剤として美術の力を発揮
しやすいだろう。それは頭の中にあるイメージを可視化させる表現力

であったり，異なるもの同士を結びつける発想力であったり，教科間の授業連携に収まらない美術の能力が必要となってくる。

「朝鑑賞」の事例から

　美術の力を使った連携活動として特筆できる事例が，所沢市立三ヶ島中学校での「朝鑑賞」の取り組みである。朝鑑賞という活動は筆者が所沢市立三ヶ島中学校の沼田芳行校長に提案し，年間を通して実施している朝の鑑賞活動であり，「社会に開かれた教育課程」「カリキュラム・マネジメント」「主体的・対話的で深い学び（アクティブ・ラーニング）」を具体化した実践である。

　朝鑑賞は，始業前に毎日行っている10分間の朝読書を週に1日だけ美術作品の鑑賞に置き換え，生徒や教員が作品について思い思いに発言をし，生徒同士，生徒と教師で作品について対話をする取り組みである。この活動は授業外活動であり，よって目標や評価を出す必要もない。

　朝鑑賞を進めるファシリテーターは，学級担任や学年所属の教員である。金曜日の朝，ファシリテーターを担当する教員は空き教室を活用したギャラリーに立ち寄り，鑑賞する作品を持って教室に向かう。教室では生徒が鑑賞の準備をして待っている。あるクラスは机をすべて後ろに寄せて，教卓を中心に生徒が扇形に集まり床に腰をおろして

ギャラリーにある作品を持って教室に向かう

登校した生徒は机を後ろに下げ，朝鑑賞を迎える

いたり，あるクラスは通常の授業のように各自席について，教員が持参する作品を見て感想を述べたりする。10分の朝鑑賞が終わると，教員は鑑賞に使った作品をギャラリーに返却して1時間目の授業準備に向かう。

　鑑賞に使用する作品は，名画などではなく武蔵野美術大学の学生作品や，地域にある芸術高校の生徒作品を使用している。その理由は，名画であるとその価値を話したくなる教師の性分が出てしまい，教師から生徒へ一方向的な教え授けるという構造が生まれ，教師と生徒がともに対話を通して考えるという活動にならないことがあるからだ。価値の定まっていない作品を扱うということは，教師自身も題名や制作意図などのごくわずかな情報から，生徒とともに作品の意味を探っていくため，主体的・対話的で深い学びを実践する指導力の向上へとつながる。また，生徒にとってはさほど年の離れていない高校生や大学生の作品を見ることは，作者の思いを自分自身に重ねて近い未来を想像することにもつながり，興味や関心がもてる対象となる。

　朝鑑賞における美術科の役割（連携）は，鑑賞スキルの向上である。授業では〔共通事項〕を意識した鑑賞活動に取り組み，授業での学びが週1回の朝鑑賞で生かされ，10分の活動が充実するような造形に関わる基礎的な学びをしたい。そのことで，朝鑑賞に向かう積極的な生徒の姿が現れ，ファシリテーターをする教師は朝鑑賞へのモチベーションを高めていく。

　また，運営上ではこのシステムを動かしていく裏方として，美術科の教員が管理職や研究主任をサポートしていく必要もある。もちろんリーダーシップを発揮し，取り組みのリーダーになることも考えられるが，その場合，美術の取り組みとしてではなく，美術の学びを生かした学校経営，学年・学級経営，そして各教科運営の視点が重要となる。学校を構成する多くの教員が「美術科のために行っている」と感じたときには，朝鑑賞への教師の主体性は薄れていくだろう。

三ヶ島中学校の取り組みでは，鑑賞に使用する作品を地域の高校や大学から借用した点や，年に1回，朝鑑賞を体験した中学生が学区の小学校に出向いて朝鑑賞と同じようにファシリテーターとして小学生と鑑賞活動をした点，朝鑑賞の作品の貸し借りで生まれた大学や高等学校との関係を生かし，授業サポートや校内研修などの交流が生まれた点などが「社会に開かれた教育課程」の実現となっている。

　また，「カリキュラム・マネジメント」という点では，朝鑑賞の絵画作品から生まれるイメージを物語にして創作ダンスをつくり上げた体育科の実践がある。この体育科の実践ではダンス指導に芸術総合高校の舞台芸術科の高校生を呼び，ダンス表現での身体の動かし方などのアドバイスを直接受けた。

　今後，美術科でダンスに使った朝鑑賞作品を基にイメージ映像をつくり，背景に流しながらダンスをすることも考えられよう。このような他教科との連携は少ない美術科の授業時間を効果的に運用することにもつながっていく。

生徒についた学力

　三ヶ島中学校のギャラリーにはホワイトボードが用意され，そこには各クラスが朝鑑賞に使用する作品のローテーションが書かれている。全校で12学級なので，12作品あれば12週実施できる仕組みだ。借用作品の入れ替えは，作品が一巡すると新しい学生作品と入れ替えるというシステムで運営している。ファシリテーターは学級担任だけでなく，教員がローテーションを組んで各クラスを回ったり，または一作品を担当し，全クラスに行ったりしている。

　また，毎週朝鑑賞を行う金曜日の1時間目は研修部会が開かれ，校長，教頭，教務主任，そして各学年の研修担当などが集まり，当日の朝鑑賞の様子や朝鑑賞を生かした今後の学校運営に基づく研修の進め方などについて討議を重ねている。

鑑賞の工夫。小さなホワイトボードに題名を書く　　ファシリテーションを希望した生徒による朝鑑賞

　このような取り組みを経て1年後，新入生が2年になって国語の「書く力」について大幅な伸長が見られた。所沢市の中学校全14校で実施している共通の学力調査において，朝鑑賞の取り組みを行った学年は前年比23ポイントの上昇が見られた。これは国語科の努力も大きいが，朝鑑賞で絵を見て頭の中にイメージをつくり，言語化する活動を行うことで国語の書く力の伸長につながったのではないかと三ヶ島中学校では分析している。

　定期的に取っている生徒のアンケートには

「いろいろな絵を見て，その絵がなぜ描かれたのか，などを考えながら見ているのが楽しかった。」

「私は最初のころは，『朝鑑賞』はなんでやるのかわからなかったけど，『朝鑑賞』をやることで，自分の創造力などが鍛えられることがわかりました。」

「普段，絵についてあまり深く考えたことはなかったけど，よく見れば，一つ一つの絵に色々な形や色，動きなどが見えてきてすごく楽しかった。」

「『朝鑑賞』を通して，題名や作者がわからない中，友達と意見を述べたり，自分の考えをたくさん発表できる良い機会だと思います。」

など肯定的な感想を書いている生徒が全校の9割を超えた。

　朝鑑賞は教科の学習ではないが，週に1回絵を見る活動が，美術に

対する関心を向上させていることは生徒のアンケートからも読み取れる。

　3年目には職員室の様子も変わってきたと報告がある。教師が朝鑑賞に取り組む中で、お互いにその様子を情報交換したり、また教師自身に話を聞く姿勢が生まれ、保護者対応の様子などが改善され、全体として教員のコミュニケーション能力が向上したという。その結果、以前より業務の助け合いが生まれ、仕事にゆとりが生まれ、さらにはそのゆとりが生徒指導にも反映され、生徒と関わる時間が生まれている。

　ただ、このような成果は、教員同士が信頼し合い、校長のリーダーシップのもと「チーム学校」として、多面的な取り組みの成果であるが、その基礎をつくったのは朝鑑賞から生まれる多様性の受容であると言えるだろう。朝鑑賞は生徒のみならず教師自身も成長させる取り組みとなった。

他教科連携・異校種・地域連携

　中学校を一般市民に美術館として公開する「ムサビる!」は、平成21（2009）年より毎年夏に開催され、すでに10年続いている[*1]。これは故中平千尋教諭が長野県千曲市立戸倉上山田中学校で展開していた「とがびアート・プロジェクト」をヒントに、武蔵野美術大学と東大和市の中学校で連携した美術展である。夏休みの2日間、大学生の作品や中学生の授業作品を中学校の校舎に展示し、中学校を美術館にする取り組みで、中学生が行う展示や来場者が参加できるワークショップなども行っている。

　その展示に出品した長沢秀之教授のドローイングに学生の文章を

東大和市の中学校が美術館に

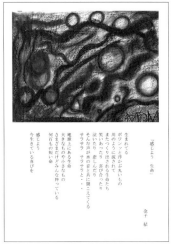

上左：中学校に展示された長沢秀之「心霊教室」
下左：上記の連携による中学生の詩とドローイング
上右：泉鏡花『化鳥』を題材にした他教科連携
下右：大学と中学校の連携「マスクで表す私の世界」

組み合わせた作品からヒントを得て生まれた教科連携が，2年生が描いたドローイング作品に1年生が詩を書くというものである。この取り組みはどこの学校でも実践できる題材である。2年生が音楽を聴き，そのイメージを黒のコンテでドローイングし，できあがった作品を廊下に展示する。1年生は展示を見て気になる作品を選び，国語の授業で作品から受けた印象をもとに詩を作るというものである。詩は作品の写真とともにレイアウトされ，プリンターで出力し展示される。このように，イメージを伝えるメディアを変換し，美術科と異なる視点から作品を解釈する取り組みは，生徒自身の想像力を広げ，言語と非言語との融和を図り，表現の手段を多様に捉え，作品解釈の幅を広げながら鑑賞の能力を深めていく。表現という活動が，頭の中に浮かん

だイメージを多様な表出手段，具体的には造形や音楽，身体や言葉を使って表す幅広い活動を指すことから考えると，美術，音楽，体育，国語など，表現領域をもった教科は連携しやすく，連携することで学びが立体的に膨らみ，かつ深まると言えるだろう。

またこの中学校では国語科が中心となり，泉鏡花『化鳥』の絵本（画：中川学）の鑑賞をもとに，金沢の泉鏡花記念館，絵本作家，絵本を映像化した映像作家，作曲家などとの連携で教科を超えた学習を実現している。

次に小，中学校と大学との異校種連携，地域や海外との連携についていくつか紹介したい。

大分県の姫島村立姫島小学校では，大分大学，大分県立美術館と連携して「幼少期における地域の色をテーマとした教科融合型学習の開発〜アートとサイエンスの探求的な学び〜」として「地域の色・自分の色[*2]」（姫島の色ってどんな色？）を行っている。地域にある石や植物などから色を作り，絵や模様などを描きふるさとの色彩を再認識している。

京都市立上京中学校では，「マスクで表す私の世界」という題材を京都市立芸術大学の学生にも制作してもらい，生徒作品と学生作品との合評会を行っている[*3]。同じテーマでも表現の違いを実感できるとともに，発想や構想，工夫や改善点などの制作過程の交流も取り入れた結果，生徒自身が主題設定について真剣に考え表現を深めていく姿が見られ，指導者の授業改善につながっていった。このような取り組みは異校種連携としても魅力的であり，発達に応じて変化する表現の違いについても相互に学べるよい機会になる。

地域の商店街との連携では，青森県の板柳中学校で地元商店街の協力を得て，中学生が美術の授業でお店の包装紙をデザインし，実際に各商店で使ってもらうという実践[*4]を行っている。デザイン発表会ではゲストティーチャーとして地域で活躍するデザイナーを招き，講評

商店街の包装紙を中学生がデザイン（青森県）　　　埼玉県加須市「まちかど美術館」

をしてもらっている。この取り組みは商店街にも好評であり、生徒も包装紙のデザインを通して地元のことを考える切っ掛けになっている。

　埼玉県加須市の加須小学校では「まちかど美術館」を平成19（2007）年から行っている。この取り組みは小学生が図工の授業で描いた作品を展示したい店舗に児童自らお願いし飾る取り組みで、街角美術館の時期には各商店が子どもたちの絵であふれている。協力店では普段訪れない子どもたちとの交流が生まれ、子どもたちにとっては自分の作品を飾ってもらうことで大きな自信につながっている。

　秋田の西仙北中学校ではフィンランドの公立学校との交流を行っている[*5]。西仙北中学校の田中真二朗教諭が平成24（2012）年より地域のギャラリーを借りて始めた「美術の時間展」という中学校の美術の授業を一般市民に向けて紹介する展覧会を機に、秋田公立美術大学の尾澤勇教授と出会い、研究対象としているフィンランドの中学校を紹介され、英語科の協力でスカイプを利用してフィンランドの中学校との生徒同士の交流や、授業作品の交流展などに発展していく。フィンランドからは中学2年生が制作した陶器の「水差し」を、仙北中学校は「ふるさと再発見　地域の創作和菓子を作ろう」の菓子の模型作品を飾った。交流は続きフィンランドのICTを活用した授業実践や、美術の学びを学校行事に活用する取り組みなど生活と結びついた実践に取り込んでいる。

フィンランドと秋田の中学校の交流展　　　　　　　高校生が公認の漆のキャラクター作成（香川県）

　高等学校の実践においては，普通科や美術科，コース制など教育制度の多様性から様々な取り組みがあるが，近年多く見られるのは企業や自治体との連携における実践的な学びである。

　香川県立高松工芸高等学校ではデザイン科の生徒がプロジェクト学習で伝統産業の漆を扱い，漆を使ったキャラクターなどのデザインを手がけ校内発表を行い，それまでにリサーチ等で関わった人々を招き校内発表会を行った[*6]。その後，高校生がつくり出した漆のキャラクターが漆器組合の公認キャラクターとして認められ，さらには，県知事へのプレゼンテーションを経て，高校生の取り組みに予算がつくという成果を導いた。その成果の背景に積極的な外部との関わりとそのためのプレゼンテーション，活動の情報発信がある。

　平成10（1998）年，学習指導要領に地域との連携が示された当初に比べると，現在では各校で何らかの地域連携が行われ，多様な連携事例がある。特に美術は社会とつながりやすい教科であり連携を生み出しやすい。掲載した事例はいずれも美術教師が積極的に行動し開拓していった成果である。美術の授業を教室内の生徒と教師の関係に止めることなく，教師自身がメディエーター[*7]として積極的に美術を使って社会と子どもを結ぶ仕組みをつくり出している。美術自体が個人と社会を結びつける機能をもつ以上，美術を教える教師の役割は生徒一

人一人に美術を通して地域や社会とつながっている実感を体験的に理解させていく必要があろう。そのように考えると「連携」は，これからの美術を教える際の重要なキーワードであり，これからの教師に必要なスキルである。

（三澤一実／武蔵野美術大学）

＊註

1 ── 美術科の未至磨明弘教諭と武蔵野美術大学の学生有志による学校を美術館にする取り組み。東大和市立第2中学校で始まり，後に未至磨教諭の異動とともに東大和市立第5中学校で実施。

2 ── プログラムの実行にあたっては「地域の色・自分の色」実行委員会が大分県立美術館，大分県教育委員会，大分大学など複数の組織で構成されている。

3 ── 美術科野田朋子教諭の取り組み，2018年から。

4 ── 高安弘大教諭の取り組み，2010年から。

5 ──「秋田＆フィンランドの『視覚美術・工芸』教育交流展の実践研究報告(1)─両国中学校における相互交流展の実際から高等学校交流展の実施に向けて─」田中真二朗・黒木健・尾澤勇，日本美術教育研究論集51号，日本美術教育連合，2018年，pp.100-106。

6 ── デザイン科西澤智子教諭，2004-16年勤務(2016年〜高松東高校・美術／芸術コース勤務)

7 ── メディエイター（mediator）とは仲介する人，繋ぎ合わせる人。

おわりに

　平成29年及び平成30年の学習指導要領改訂が，2030年の社会を生きる力としての資質・能力の育成を大きな目的として進んだことは，第1章から述べてきた。同じく，この2030年をひとつの目標とする世界的な取り組みが現在進行中である。「SDGs」の名で呼ばれるこの取り組みは，「Sustainable Development Goals（持続可能な開発目標）」が正式な名称であり，平成27（2015）年9月に国連で開かれたサミットの中で，国際社会共通の2016年から2030年までの「持続可能な開発のための2030アジェンダ（議題）」が採択され，その中で達成すべき「17の目標」と「169のターゲット（具体目標）」として示されているものである。現在，全国務大臣を構成員とする「SDGs推進本部」が設置されている。そのウェブサイトに示されている「我々の世界を変革する：持続可能な開発のためのアジェンダ（仮訳）」から，「17の目標」を抜粋すると次のようなものである。

目標1.　あらゆる場所のあらゆる形態の貧困を終わらせる
目標2.　飢餓を終わらせ，食料安全保障及び栄養改善を実現し，持続可能な農業を促進する
目標3.　あらゆる年齢のすべての人々の健康的な生活を確保し，福祉を推進する
目標4.　すべての人々への，包摂的かつ公正な質の高い教育を提供し，生涯学習の機会を促進する
目標5.　ジェンダー平等を達成し，すべての女性及び女児の能力強化を行う
目標6.　すべての人々の水と衛生の利用可能性と持続可能な管理を確保する
目標7.　すべての人々の，安価かつ信頼できる持続可能な近代的エネルギーへのアクセスを確保する
目標8.　包摂的かつ持続可能な経済成長及びすべての人々の完全かつ生産的な雇用と働きがいのある人間らしい雇用（ディーセント・ワーク）を促進する
目標9.　強靱（レジリエント）なインフラ構築，包摂的かつ持続可能な産業化の促進及びイノベーションの推進を図る

目標10. 各国内及び国家間の不平等を是正する

目標11. 包摂的で安全かつ強靱（レジリエント）で持続可能な都市及び人間居住を実現する

目標12. 持続可能な生産消費形態を確保する

目標13. 気候変動及びその影響を軽減するための緊急対策を講じる

目標14. 持続可能な開発のために海洋・海洋資源を保全し，持続可能な形で利用する

目標15. 陸域生態系の保護，回復，持続可能な利用の推進，持続可能な森林の経営，砂漠化への対処，ならびに土地の劣化の阻止・回復及び生物多様性の損失を阻止する

目標16. 持続可能な開発のための平和で包摂的な社会を促進し，すべての人々に司法へのアクセスを提供し，あらゆるレベルにおいて効果的で説明責任のある包摂的な制度を構築する

目標17. 持続可能な開発のための実施手段を強化し，グローバル・パートナーシップを活性化する

　この17の目標を2030年までに達成しようとする時，必要な科学技術の開発や政治的規模の投資など，物理的な問題解決が求められることも理解できるが，その多くは人々の意識改革もしくは理解の浸透による力が大きいことも想像に難くない。すなわち，SDGsは教育の成果なくしてその目標達成はあり得ないのである。

　第1章第3節で取り上げた「学制」布告から始まる明治期の学校制度草創期は，まさに社会の先端に学校があった。我が国の近代国家への改革は学校から始まったと言っても過言ではない。また，そこに学ぶ者も指導する者も，社会を改革しようとするプライドにあふれていた。さらに，第1章第1節に示したように，太平洋戦争が終結し，新たな民主主義の教育を模索した時代にも，同様の高揚感があった。しかし，いつの間にか，学校は学校の中だけで意味や価値のあるものを学ばせ，学校の中で成立する論理によって教育がなされるようになってきた。その原因は，社会と学校との間にある見えない隔壁である。すなわち，教育に関わる者だけではなく，社会全体が学校をその時代に必要な人材育成機関としてのみ捉え，社会の思潮や公共性を育成する

という学校教育の働きを理解してこなかったことが，大きく影響している。「社会に開かれた教育課程」は，今一度学校に，社会の持続可能な発展の先端を担っているという自負，プライドを取り戻すことでもある。学校の中だけで通用する「知識及び技能」「思考力，判断力，表現力等」「学びに向かう力，人間性等」であってはならない。

第3章に掲載してある小学校から高等学校までの授業実践は，真に「学びの見える授業実践」であり，執筆いただいた先生方の造形を通しての教育の姿勢こそ，これからの新学習指導要領における授業実践の先駆けとなるものである。各実践を通して見えてくる児童生徒に注がれる先生方の視点の背景には，社会をよりよく発展させるべき使命感とともに，これからを生きる子どもたちへの慈しみがある。優れた実践を本書において紹介いただいた先生方に深甚より感謝を申し上げる。

ただし，本書は令和元（2019）年後期を中心にして執筆や編集を進めたものであり，新学習指導要領下における三つの柱を目標として，三観点で評価を行う授業実践とその実践的な研究はこれからの状況にあった。具体的には，評価に関する指導資料の類はまだなく，第3章の実践も，四観点での評価規準によって取り組まれたものを三観点に改編する形で示している。したがって，三つの柱の意図を反映し，三観点の評価規準による実践と研究については，読者諸氏に委ねるところである。

本書もまた2030年，10年後を想定して編集したものである。それゆえに不確定な要素が多く，場合によっては表現もあいまいになることも多かった。最後になってしまったが，このような留意点の多い本書を，高い見識と正確な校正でまとめ上げていただいた武蔵野美術大学出版局の木村公子氏に心より御礼と感謝を申し上げる。

令和2年2月

大坪圭輔

著者略歴（掲載順）

大坪圭輔（おおつぼ・けいすけ）
武蔵野美術大学大学院修士課程修了。武蔵野美術大学共通デザイン・教職課程研究
室主任教授。専門分野は，美術・工芸教育法，教育方法。主な著書に『工芸の教育』
『美術教育資料研究』（武蔵野美術大学出版局，2017，2014），文部科学省検定済中学
校美術教科書『美術1』『美術2・3』（著者代表，開隆堂出版，2020）など。現在，公益
社団法人日本美術教育連合代表理事，公益財団法人教育美術振興会理事，国際美術
教育学会（InSEA）会員，美術科教育学会会員，文部科学省学習指導要領の改善に係
る検討に必要な専門的作業等協力者（平成30年告示　高等学校美術）。

小池研二（こいけ・けんじ）
東京学芸大学大学院修士課程修了。横浜国立大学教授。専門分野は美術科教育学。
共著・編著：文部科学省検定済中学校美術教科書『美術1』『美術2・3』（開隆堂出版，
2020），主な著書に共著：『中学校新学習指導要領の展開　美術編』（明治図書，2017）
など。美術科教育学会会員，大学美術教育学会会員，文部科学省学習指導要領の改
善に係る検討に必要な専門的作業等協力者（平成29年告示　中学校美術）。

三澤一実（みさわ・かずみ）
東京藝術大学大学院修士課程修了。埼玉県公立中学校教諭，埼玉県立近代美術館主
査，文教大学教育学部准教授を経て2008年より武蔵野美術大学教授。旅するムサ
ビ主宰（グッドデザイン賞2017受賞），「文部科学省学習指導要領の改善に係る検討
に必要な専門的作業等協力者（平成20年告示　小学校図画工作，平成29年告示　中学
校美術），編著に『美術の授業のつくりかた』（武蔵野美術大学出版局，2020）。研究
領域：美術教育，鑑賞教育。

北沢昌代（きたざわ・まさよ）
武蔵野美術大学大学院修士課程修了。共著『子どもの造形表現－ワークシートで学
ぶ－　第2版』（開成出版，2019）。聖徳大学短期大学部准教授，武蔵野美術大学非常
勤講師。

麻 佐知子（あさ・さちこ）
千葉大学教育学部卒業。東京都新宿区立東戸山小学校主幹教諭。

濱脇みどり（はまわき・みどり）
武蔵野美術大学造形学部油絵学科卒業。1990年より東京都中学校教員。2006年東京学芸大学大学院修士課程修了（美術科教育学）。東京都西東京市立青嵐中学校主任教諭。

藤田 航（ふじた・わたる）
東京藝術大学大学院美術研究科彫刻専攻修了。神奈川県立保土ケ谷養護学校在職中に武蔵野美術大学芸術文化学科，米徳・杉浦ゼミとワークショップ「保土ヶ谷養護学校ファッションショー」（2014，2015）を行う。東京大学教育学部附属中等教育学校文部科学教官教諭。

安田 淳（やすた・あつし）
金沢美術工芸大学美術工芸学部美術学科絵画専攻油絵卒業。1986年より石川県立高校教諭，2001年より2008年まで石川県教育センター指導主事，2016年より石川県立工業高等学校デザイン科教諭。文部科学省学習指導要領の改善に係る検討に必要な専門的作業等協力者（平成21年告示・平成30年告示 高等学校美術）。共著：文部科学省検定済高等学校芸術科美術Ⅰ教科書『高校生の美術 1』，同美術Ⅱ教科書『高校生の美術 2』，同美術Ⅲ教科書『高校生の美術 3』（日本文教出版）。

永吉 聖（ながよし・さとし）
東京造形大学造形学部美術学科卒業。文部科学省学習指導要領の改善に係る検討に必要な専門的作業等協力者（平成30年告示 高等学校美術）。全国高等学校美術工芸教育研究会副理事長。東京都立葛飾総合高等学校主幹教諭。

長島春美（ながしま・はるみ）
東京教育大学大学院修士課程、上越教育大学大学院修士課程修了。ザルツブルク夏季美術学校にてジム・ダイン氏に師事。筑波大学2005年度特別講師。2018年度まで東京都立田柄高等学校に勤務。第20回東京新聞教育賞受賞。光村図書『美術Ⅱ』ほか教授資料指導実践例，『教育美術』などに執筆。美術科教育学会会員。

平野信子（ひらの・のぶこ）
千葉大学教育学部中学校教員養成課程美術科卒業。東京藝術大学美術学部工芸科長期研修。2005-18年文部科学省，国立教育政策研究所の協力者・委員・指導助言等。文部科学省学習指導要領の改善に係る検討に必要な専門的作業等協力者（平成30年告示 高等学校工芸）ほか。共著：文部科学省検定済教科書高等学校『工芸Ⅰ』。全国高等学校美術工芸教育研究会理事。千葉県立幕張総合高等学校教諭。

宮﨑浩子（みやざき・ひろこ）
玉川大学文学部芸術学科美術専攻卒業。前任千葉県立佐倉高等学校において教育課程研究指定校事業研究成果発表。文部科学省検定済教科書高等学校芸術科工芸Ⅰ教科書『工芸 Ⅰ』，同工芸Ⅱ教科書『工芸 Ⅱ』（日本文教出版）に陶芸分野の題材提供。千葉県立白井高等学校教諭。

中村美知枝（なかむら・みちえ）
東京学芸大学大学院修士課程修了。共著：文部科学省検定済高等学校芸術科（美術）教科書『高校生の美術1』『高校生の美術2』『高校生の美術3』（日本文教出版, 2020）。文部科学省学習指導要領の改善に係る検討に必要な専門的作業等協力者（平成21年告示 高等学校美術）。全国高等学校美術工芸教育研究会理事長。元東京都立総合芸術高等学校，現東京都立文京高等学校指導教諭。

河合茂晴（かわい・しげはる）
千葉大学教育学部中学校教員養成課程美術科卒業。彫刻と陶芸を学ぶ。都立高校教員として武蔵村山高校（工芸科），三宅高校（美術科），橘高校（産業科）を歴任。全国高等学校美術工芸教育研究会事務局次長，研究部長。東京都立総合芸術高等学校主幹教諭。

落合良美（おちあい・よしみ）
福島大学大学院教育学研究科修了。東京都立小石川中等教育学校主幹教諭。

求められる美術教育

2020 年 3 月 31 日　初版第 1 刷発行

編者　　大坪圭輔

著者　　大坪圭輔　小池研二　三澤一実　北沢昌代　麻佐知子
　　　　濱脇みどり　藤田航　安田淳　永吉聖　長島春美
　　　　平野信子　宮﨑浩子　中村美知枝　河合茂晴　落合良美

発行者　天坊昭彦

発行所　株式会社武蔵野美術大学出版局
　　　　〒 180-8566
　　　　東京都武蔵野市吉祥寺東町 3-3-7
　　　　電話　0422−23−0810（営業）
　　　　　　　0422−22−8580（編集）

印刷・製本　株式会社精興社

ISBN978-4-86463-105-1　C3037　printed in Japan

美術の授業のつくりかた　三澤一実／編

三澤一実・神野真吾・末至磨明弘・大黒洋平・髙井 一・小西悟士・高安弘大・沼田芳行・
道越洋美・大成哲雄・奥山直人・石上城行・押元信幸・田中真二朗・佐藤賢司・
高田悠希子・米徳信一・花里裕子・清水恒平・杉浦幸子・佐々木敏幸・栗田晃宜／著

A5判　448頁　定価：本体2800円+税　978-4-86463-106-8　C3037［2020年3月刊行］

チーム学校のアートディレクターとして活躍する22人による美術教育実践事例集。美術
教科の特徴と今日的課題、授業の組み立てと学習指導、教科経営、題材開発として平
面（描画、版画）、立体（石材、金属、紙材、テキスタイル、木材）、映像表現、デザイン、
鑑賞を丁寧に例示し、特別支援教育と美術についても言及。新学習指導要領の理解
を深め、挑戦的な授業をつくるためのムサビ・メソッド！

造形の基礎　アートに生きる。デザインを生きる。

白尾隆太郎＋三浦明範／著

A5判　224頁　定価：本体2200円+税　978-4-86463-108-2　C3071［2020年3月刊行］

美術大学への進学を考えたとき、美術が好きだ、デザインにも興味がある。さて、自分は
どちらの方向へ進むべきなのか？　ムサビ通信教育課程「造形基礎」の教科書ながら、
悩める高校生にこそすすめたい。画家とグラフィックデザイナーによる美術大学における
「学び」の解析。

ファシリテーションの技法　アクティブ・ラーニング時代の造形ワークショップ

高橋陽一／著

A5判　240頁　定価：本体2200円+税　978-4-86463-099-3　C3037［2019年4月刊行］

本来のワークショップの意味、歴史を踏まえ、学校教育における「手法としてのワークショップ」
を明確にしたうえで、ファシリテータに必要な企画力、組織力、記録力を具体的に提示。生涯
学習とアクティブ・ラーニングへの言及、過去に受講生から寄せられた質問、討議用の課題、
参考手法を新たに加え、それぞれの現場ですぐに活用できる技法書。

工芸の教育　大坪圭輔／著

A5判　336頁　定価：本体2400円+税　978-4-86463-058-0　C3037［2017年4月刊行］

工芸の定義から工芸教育の歴史、設備、題材開発、鑑賞まで、工芸教育の基礎をおさえなが
ら、教育の枠を超えた広い視野で工芸をとらえ考察。合理化・デジタル化がすすむ現代社会
に求められる、「工芸」＝「手仕事」の存在意義と「工芸の教育」の可能性を探究する。汎
用的能力としての「創造力」を育むために、身体性を伴う「ものづくり」はいかに機能するのか。

美術教育資料研究　大坪圭輔／著

A5判　436頁　定価：本体2600円+税　978-4-86463-016-0　C3037［2014年4月刊行］

近・現代、国内外の代表的な美術教育資料を多数取り上げながら、社会における美術教育の
変遷を学ぶとともに、過去の実践や文献を通して美術教育の基本的な理念と真の意味を考察
する。チゼック、リード、山本鼎、岸田劉生…先人に学び、美術教育の将来を展望。